RÉPONSES

DES GRANDS SAVANTS

AUX QUESTIONS

DES MUSULMANS

D'OCCIDENT

بِسْمِ اللَّهِ الرَّحْمَٰنِ الرَّحِيمِ

Tous droits réservés à la maison d'édition

Première édition
Djoumâda al-âkhirah 1443 de l'hégire – Janvier 2022G

Maison d'édition & de distribution : Al Mouwahidin
Rue Abdelaziz Redouane
16050 Draria, Alger - Algérie
Tél : 00 213 (0)7 94 81 14 97
Contact : almouwahidin@gmail.com

RÉPONSES DES GRANDS SAVANTS AUX QUESTIONS DES MUSULMANS D'OCCIDENT

Lecture et préface :
Shaykh M'Hamed Tchalabi

Regroupement, traduction et classification :
Saïd Ibn Mohammed Al Jazairi

بِسْمِ اللَّهِ الرَّحْمَٰنِ الرَّحِيمِ

INTRODUCTION

بِسْمِ اللَّهِ الرَّحْمَنِ الرَّحِيمِ

Certes, les louanges appartiennent à Allah. Nous Le louons et implorons Son secours et Son pardon. Nous cherchons refuge auprès de Lui contre le mal de nos âmes et contre nos mauvaises actions. Celui qu'Allah guide, nul ne pourra l'égarer, et celui qu'Il égare nul ne pourra le guider. Et j'atteste qu'il n'y a point de divinité digne d'être adorée en réalité si ce n'est Allah, Seul et sans associé, et j'atteste que Mohammed est Son serviteur et Son messager.

{Ô les croyants ! Craignez Allah comme Il doit être craint. Et ne mourez qu'en pleine soumission.}
[Sourate Al-Imran (La famille d'Imran) - verset 102]

{Ô hommes ! Craignez votre Seigneur qui vous a créés d'un seul être, et a créé de celui-ci son épouse, et qui de ces deux là a fait répandre (sur la terre) beaucoup d'hommes et de femmes. Craignez Allah au nom duquel vous vous implorez les uns les autres, et craignez de rompre les liens du sang. Certes Allah vous observe parfaitement.}
[Sourate An-Nissa (Les femmes) - verset 1]

{Ô vous qui croyez ! Craignez Allah et parlez avec droiture afin qu'Il améliore vos actions et vous pardonne vos péchés. Quiconque obéit à Allah et à Son messager obtient certes une grande réussite.}
[Sourate Al-Ahzab (Les coalisés) - versets 70 et 71]

Sachez que la parole la plus saine et la plus véridique est celle d'Allah (le Coran) et le chemin le plus droit est celui du prophète Mohammed ﷺ. Et la plus mauvaise des choses est la nouveauté, et toute nouveauté est une innovation, et toute innovation est un égarement et tout égarement est en Enfer...

Après cela, étant donné le nombre de questions, légitimes, qui sont posées régulièrement par nos frères et sœurs en occident, qu'ils soient reconvertis ou issus de familles musulmanes, j'ai pensé présenter ce modeste ouvrage permettant de répondre à certaines d'entre elles, afin de les aider dans leur cheminement dans cette magnifique religion qu'est l'islam.

Il s'agit de paroles de savants énoncées lors de leurs cours, ou de séances de questions-réponses, qui étaient présentes sur leurs sites officiels, dans leurs ouvrages ou d'autres supports. La source étant toujours indiquée à la fin.

Je demande à Allah de faire miséricorde aux savants qui nous ont quittés et dont le travail a été ô combien bénéfique, et continue de l'être même après leurs morts. Et je Lui demande de prolonger la vie sur la droiture de ceux qui sont encore parmi nous, et de nous faire profiter de leur science, Il est certes bien proche et Il répond toujours aux invocations.

Le projet a d'abord consisté à effectuer un travail de recherches de questions qui pouvaient s'avérer bénéfiques pour les musulmans résidants en Europe, puis les classer sous des grands thèmes pour que le lecteur puisse s'y repérer. Enfin, vint le tour de la traduction en essayant de rester le plus proche possible de la parole originelle, avec les difficultés que peut engendrer la retranscription de l'arabe vers une langue étrangère, en faisant en sorte que cela soit au final le plus clair possible pour le lecteur, tout en préservant le contexte.

Malgré tout, j'invite les frères et sœurs à apprendre l'arabe afin d'avoir accès à la science religieuse, car l'étude de la science bénéfique en ce bas-monde ainsi que pour l'au-delà est une obligation pour tout musulman et la langue arabe est indispensable pour y parvenir. La traduction dans une autre langue n'est qu'une aide qui doit être temporaire tout en faisant en parallèle les efforts nécessaires pour apprendre l'arabe.

Je tiens à préciser que je ne me suis pas étendu sur certains sujets pourtant importants comme la croyance et la prière, dans la mesure où ils feront l'objet d'ouvrages distincts dans le futur in cha Allah.

Ce travail a été fait à titre d'orientation générale. Aussi, j'invite les frères et sœurs à interroger directement les savants pour leurs cas personnels, car il se peut que la personne ait mal compris la fatwa, ou que le cas ne soit pas exactement le même, ou qu'il existe une circonstance qui entraine une réponse différente. Donc il faut toujours en revenir aux savants pour une question qui nous concerne personnellement.

Je remercie également chaleureusement notre shaykh M'hamed Tchalabi, qu'Allah le préserve, pour sa préface qui contient un conseil très profitable, ainsi que son aide afin de ressortir les sources des hadiths, et dans la traduction de certains mots. Qu'Allah le récompense de la meilleure des récompenses et que cette œuvre permette d'alourdir sa balance des bonnes actions, le jour où l'on présentera nos œuvres à Allah.

N'a pas remercié Allah celui qui n'a pas remercié les gens, c'est pourquoi je remercie également tous ceux qui m'ont apporté leur aide très précieuse notamment mon neveu ainsi que les frères du collectif « Mashaykh DZ » et « Mashaykh KSA » dont je suis l'un des administrateurs. Vous pouvez d'ailleurs voir sur les différents réseaux sociaux, les travaux de traduction que nous avons effectués.

Enfin, et c'est important, il n'y a de changement ni de force que par Allah. Une œuvre ne peut être établie que selon ce qu'Allah nous facilite et permet d'accomplir. C'est pourquoi je m'en remets à Lui, Le Généreux et Tout Miséricordieux, afin qu'Il me facilite d'accomplir cette tâche ô combien difficile, en étant sincère pour Lui, et je Lui demande d'accepter ce modeste travail et le rendre utile à la communauté en général, et à nos frères et sœurs vivant en Occident en particulier, ainsi que de guider par sa cause de nombreuses personnes vers l'islam.

La réussite de cet ouvrage ne provient que d'Allah, et les erreurs ne proviennent que de moi ou de Sheytan. Je demande à Allah de me pardonner mes erreurs ou oublis, de purifier mon intention et de rendre sincère cette action pour la recherche de Son agrément et de Sa récompense. Il est certes le Garant du succès.

Et que la Salat et le Salam d'Allah soient sur notre prophète Mohammed ainsi que sur sa famille, ses compagnons et ceux qui les ont suivis dans le bien.

Et ma dernière invocation sera Louanges à Allah, Le Seigneur des mondes.

Saïd Ibn Mohammed Al Jazairi

PREFACE DE SHAYKH TCHALABI

حفظه الله

Parmi les plus grands bienfaits qu'Allah Le Majestueux puisse donner à l'Homme en ce bas-monde, se trouve le fait de descendre Sa guidée sur son cœur, lui ouvrir sa poitrine à l'islam, pour le faire sortir de ce gouffre des ténèbres vers la lumière de Sa connaissance, et lui permettre de l'adorer d'une façon conforme à Ses préceptes et Sa législation.

Or, ceci ne peut se produire que par le biais de la science et de la connaissance des textes scripturaires contenus dans le Coran et la Sounnah, expliqués par les jurisconsultes et érudits de l'islam, qui ont passé leurs vies à étudier ce qu'Allah a révélé afin de le transmettre aux gens. Et ceci eut égard au pacte qu'Allah a conclu avec eux comme dans le verset :

﴿وَإِذْ أَخَذَ اللَّهُ مِيثَاقَ الَّذِينَ أُوتُوا الْكِتَابَ لَتُبَيِّنُنَّهُ لِلنَّاسِ﴾

[سورة آل عمران - 187]

Sens rapproché du verset :
{Allah prit, de ceux auxquels le Livre était donné, cet engagement :
« Exposez-le, certes, aux gens et ne le cachez pas »}
[Sourate Al-Imran (La famille d'Imrane) – verset 187]

14

D'où la grande importance de connaitre le statut élevé qu'Allah leur a octroyé en ce bas-monde avant l'au-delà, et de leur accorder le grand respect qu'ils méritent, comme a dit le Prophète ﷺ dans le hadith authentique : « Certes tous ceux qui sont dans les cieux et la terre, même les poissons dans l'eau, demandent pardon pour le savant. Le mérite du savant par rapport à l'adorateur est semblable au mérite de la lune, la nuit où elle est pleine, sur les autres astres. Et certes, les savants sont les héritiers des prophètes, et les prophètes n'ont pas laissé comme héritage des dinars ou des dirhams, mais ils ont laissé comme héritage la science, celui qui la prend aura certes pris la part complète ».

Ceci doit pousser le musulman à prendre conscience du haut rang et mérite du savant, et par conséquent être soucieux de prendre sa part d'héritage en pliant ses genoux dans leurs assises, et profiter de leurs livres et leurs audios.

C'est pourquoi la quête de la science est non seulement importante, mais a fortiori indispensable pour tout musulman qui souhaite, en plus d'illuminer son cœur et sa vie, avoir le ravissement de Son Seigneur dans cette vie et l'au-delà, en l'adorant avec clairvoyance.

D'ailleurs, c'est en ce sens que l'érudit Ibn al Qayyim a dit dans son livre le sentier des itinérants : « L'imam Ahmad Ibn Hanbal a dit : les gens ont plus besoin de science qu'ils n'ont besoin de nourriture et de boisson. Ceci car une personne a besoin de nourriture une ou deux fois par jours, tandis qu'il a besoin de science à chacune de ses respirations. »

Et avant lui, son professeur, le shaykh de l'islam Ibn Taymiyah, qu'Allah lui fasse miséricorde, a mis en exergue l'importance du fait de s'agripper à la science quand il a dit dans son épitre « les prophéties » : « Ce bas-monde est obscur et maudit, excepté ce sur quoi les rayons du soleil du message [prophétique] brillent. De même le serviteur, tant que les rayons de ce soleil du Message [prophétique] ne brillent pas dans son cœur, le privant de son essence et de son âme, il est non seulement dans l'obscurité mais aussi parmi les morts, comme a dit Allah ﷻ dans la sourate les Bestiaux dans le sens rapproché : « Est-ce que celui qui était mort et que Nous avons ramené à la vie et à qui Nous avons assigné une lumière grâce à laquelle il marche parmi les gens, est pareil à celui qui est dans les ténèbres sans pouvoir en sortir !? (…) », ceci est la description du croyant qui était mort dans l'obscurité de l'ignorance, qu'Allah a ramené à la vie par l'âme du Message et la lumière de la foi, et lui a donné une lumière avec laquelle il marche parmi les gens, contrairement au mécréant au cœur mort, dans les ténèbres. » Fin de sa parole.

Ceci dit, et à ce titre, je salue fraternellement les efforts de notre frère Saïd Ibn Mohammed al Jazairi d'avoir regroupé et traduit ces merveilleuses paroles de nos grands savants, sur différents sujets qui, je pense et souhaite, répondent aux questions que de nombreux frères et sœurs en occident se posent sans pour autant trouver de réponses.

De même, je demande à Allah qu'Il fasse que ce travail soit accepté et profitable pour tout musulman qui le lit ou le fait lire.

Et Louanges à Allah, Seigneur des mondes.

Shaykh M'Hamed Tchalabi,
qu'Allah le préserve

بِسْمِ اللَّهِ الرَّحْمَٰنِ الرَّحِيمِ

LA RECONVERSION

1/ LA PREMIÈRE OBLIGATION POUR CELUI QUI SE RECONVERTIT :

Question :

Quelle est la première obligation pour celui qui embrasse l'islam ?

Réponse de shaykh Mohammed Ibn Ibrahim رحمه الله [1] :

La première obligation est l'attestation de vérité qu'il n'y a d'autre divinité digne d'être adorée si ce n'est Allah et que Mohammed ﷺ est le messager d'Allah. Et il doit se désavouer de toute autre religion divergeant de la jurisprudence de l'islam dans la croyance et le culte (paroles

---

[1] Mohammed Ibn Ibrahim Al-Shaykh (1311-1389H/1893-1969G). Il occupa de nombreuses fonctions importantes dont celle de Moufti d'Arabie Saoudite. Il compte notamment parmi ses élèves shaykh Ibn Baz, qu'Allah leur fasse miséricorde à tous les deux.

et actes). Il doit se conformer à tout ce qui est obligatoire dans la religion [musulmane]. Il doit reconnaitre comme licite ce qui est déclaré licite dans la jurisprudence de l'islam, et illicite ce qui y est déclaré illicite.

Il doit également être en mesure de comprendre les autres piliers de l'islam : la prière (ses piliers, obligations et conditions [d'acceptation] parmi lesquelles le fait de parfaire ses ablutions majeures et mineures), s'acquitter de la Zakat, jeûner le mois de ramadan, procéder au pèlerinage, (…)

Et il doit apprendre ce qui lui est obligatoire en matière religieuse. [2]

2/ EST-IL SUFFISANT DE PRONONCER LES DEUX ATTESTATIONS POUR SE RECONVERTIR ?

Question :

Est-il suffisant [pour entrer en islam] de prononcer le premier pilier de l'islam - l'attestation qu'il n'y a d'autre divinité digne d'être adorée en dehors d'Allah et que

---

[2] Source : fatawa wa rasail (12/198).

Mohammed est le messager d'Allah - ? Ou est-il nécessaire de compléter la reconversion à l'islam de la personne par d'autres éléments ?

Réponse de shaykh Ibn Baz رحمه الله [3]:

Si un non-musulman atteste qu'il n'y a d'autre divinité digne d'être adorée en dehors d'Allah et que Mohammed est le messager d'Allah en étant véridique à ce sujet, avec conviction et conscient de sa signification, il entre en islam. Puis on lui indique qu'il doit effectuer la prière et le reste des recommandations. C'est pour cela que, lorsque le Prophète ﷺ a envoyé Mo'adh au Yemen, il lui a dit : « *Invite les à attester qu'il n'y a d'autre divinité digne d'être adorée en dehors d'Allah et que Mohammed est le messager d'Allah. S'ils font cela, alors informe-les qu'Allah leur a enjoint cinq prières de jour et de nuit. S'ils t'obéissent en cela, alors informe-les qu'Allah leur a imposé une aumône sur leurs biens, qui est prise de leurs riches pour être donnée à leurs pauvres* ».

Ainsi, il ne leur a ordonné d'accomplir la prière et de s'acquiter de l'aumône légale (Zakat) qu'après [l'attestation de] l'unicité et la croyance au Messager ﷺ. Par conséquent,

---

[3] 'Abd Al'Aziz Ibn 'Abd Allah Ibn Baz (1330-1420H/1912-1999G). L'un des grands savants contemporains, il a été entre autres moufti d'Arabie Saoudite et président du conseil des grands 'oulamas. Il était notamment connu pour porter attention à la situation des musulmans dans le monde entier, et dépensait de grandes sommes pour les aider, qu'Allah lui fasse miséricorde.

si le non-musulman fait cela, il fait alors partie des musulmans. Par la suite on exige de lui qu'il effectue la prière et le reste des recommandations religieuses (...) [4]

3/ LES CONDITIONS DE L'ATTESTATION :

Question :

On m'a dit que la personne qui atteste « la ilaha ila Llah » n'entrera au Paradis qu'en réalisant l'ensemble de ses conditions. Est-ce que cela est vrai ? Et comment saurais-je que j'ai accompli l'ensemble de ses conditions ?

Réponse de shaykh Al-Fawzan حفظه الله [5] :

En effet, « la ilaha ila Llah » n'est pas qu'une simple phrase qui est dite uniquement avec la langue. Mais il s'agit d'une parole qui a une signification, une implication.

---

[4] Madjmou' Al-Fatawa (5/355).

[5] Salah Ibn 'Abdillah Al-Fawzan né en 1354H/1933G, est toujours vivant, wa al hamdou lillah, et continue de nous faire bénéficier de sa science. Il est membre de la plus haute instance religieuse d'Arabie Saoudite, qui conseille le roi, et également membre du comité permanent pour la recherche scientifique et la délivrance de fatwas. Qu'Allah prolonge sa vie dans le bien.

Ainsi, le sens de « la ilaha ila Llah » est qu'il n'y a pas de divinité digne d'être adorée en réalité si ce n'est Allah. Et son implication est que tu n'adores qu'Allah. Tu n'associes donc personne à Allah dans l'ensemble des sortes d'adorations. C'est cela l'implication de « la ilaha la Llah ».

Et les conditions sont comprises dans ces deux significations : dans son sens et dans son implication entrent l'ensemble des conditions.

C'est ainsi que si tu connais son sens, que tu y as cru avec ton cœur, et que tout ce qui est adoré en dehors de Lui est vain, alors c'est cela son sens. Il te restera à te conformer à ce sens et cette signification, à savoir que tu réalises, que tu adores Allah d'une véritable adoration, que tu délaisses toute adoration en dehors de Lui, et que tu restreignes l'ensemble des adorations à Allah.

C'est ce qui est voulu de cette parole. La connaissance de son sens, et la mise en application de son implication. Ce sont ses conditions en résumé. [6]

---

[6] Fatawa Al-Haram Al-Mekki

23

4/ LA RÉALISATION DE L'ATTESTATION :

Question :

Comment un musulman peut-il réaliser l'attestation qu'il n'y a d'autre divinité digne d'être adorée en dehors d'Allah et que Mohammed est le messager d'Allah par la parole, les actes et la croyance, de sorte qu'il garantisse pour sa personne le salut de l'éternité de l'Enfer ?

Réponse de shaykh Ibn Utheymine رحمه الله [7]:

Louanges à Allah, Seigneur des mondes, et que la Salat et le Salam soient sur notre prophète Mohammed, sa famille, ses compagnons et ceux qui les suivent dans le bien jusqu'au Jour du Jugement.

L'accomplissement du témoignage « la ilaha ila Llah » est que l'Homme comprenne d'abord sa signification et agisse ensuite selon l'exigence de cette connaissance. Ainsi, le sens de « la ilaha ila Llah » est qu'il n'y a pas de divinité digne d'être adorée en réalité en dehors d'Allah, et non pas qu'il

---

[7] Abou 'Abdillah Mohammed Ibn Salah Al-Utheymine (1347-1421H/1929-2001G). Elève du grand savant shaykh As-Sa'di, il est considéré comme l'un des plus grands érudits contemporains. Il a été, entre autres, membre du conseil des grands savants d'Arabie Saoudite. Plus de 500.000 personnes ont participé à son enterrement à La Mecque, qu'Allah lui fasse miséricorde.

n'existe pas de divinité en dehors d'Allah. Mais bien qu'il n'y a pas de divinité digne d'être adorée en dehors d'Allah car il existe des créatures qui sont adorées en dehors d'Allah, et elles sont appelées divinités, comme dit Allah ﷻ :

﴿فَمَا أَغْنَتْ عَنْهُمْ آلِهَتُهُمُ الَّتِي يَدْعُونَ مِنْ دُونِ اللَّهِ مِنْ شَيْءٍ لَمَّا جَاءَ أَمْرُ رَبِّكَ﴾

[سورة هود - 101]

Sens rapproché du verset :
{(…) Leurs divinités, qu'ils invoquaient en dehors d'Allah, ne leur ont servi à rien, quand l'Ordre (le châtiment) de ton Seigneur fut venu ; (…)}
[Sourate Hud – verset 101]

Et Il ﷻ a dit :

﴿وَلَا تَجْعَلْ مَعَ اللَّهِ إِلَهًا آخَرَ﴾

[سورة الإسراء - 22]

Sens rapproché du verset :
{N'assigne point à Allah d'autre divinité ; (…)}
[Sourate Al-Isra (Le voyage nocturne) – verset 22]

Et les polythéistes ont dit :

25

﴿أَجَعَلَ الآلِهَةَ إِلَهًا وَاحِدًا﴾

[سورة ص - 5]

Sens rapproché du verset :
{Réduira-t-il les divinités à un Seul Dieu ? (…)}
[Sourate Sad – verset 5]

Cependant, ces divinités ne sont pas véritables mais sont vaines, conformément à la Parole d'Allah ﷻ :

﴿ذَلِكَ بِأَنَّ اللَّهَ هُوَ الْحَقُّ وَأَنَّ مَا يَدْعُونَ مِنْ دُونِهِ هُوَ الْبَاطِلُ﴾

[سورة الحج - 62]

{C'est ainsi qu'Allah est Lui le Vrai, alors que ce qu'ils invoquent en dehors de Lui est le faux ; (...)}
[Sourate Al-Hajj (Le pèlerinage) - verset 62]

Ainsi, puisqu'il n'y a de divinité digne d'être adorée en réalité en dehors d'Allah, il est donc obligatoire pour l'Homme de vouer toute adoration en croyance, parole et actes à Allah Seul. Et puisque c'est cela le sens de « la ilaha ila Llah » alors il n'est possible à l'Homme de l'accomplir qu'en agissant selon son exigence dans le sens où il n'adore qu'Allah. Dès lors il ne s'humilie, ni ne se soumet à personne en termes de culte, de rapprochement et de repentance si ce n'est Allah.

Et l'exigence voulu par cela est également qu'il n'adore Allah que selon ce qu'Il a légiféré. Étant donné qu'Allah est la véritable divinité et ce qui est en dehors de Lui est vain, et par conséquent, il n'adore Allah que selon ce qu'Il a légiféré par l'intermédiaire des prophètes.

Il est également nécessaire, afin d'accomplir l'attestation qu'il n'y a pas de divinité digne d'être adorée en réalité en dehors d'Allah, qu'il mécroie en ce qui est en dehors d'Allah parmi les divinités, jusqu'à ce que soit réalisé pour lui le fait de saisir l'anse la plus solide. Allah ﷻ a dit :

﴿فَمَن يَكْفُرْ بِالطَّاغُوتِ وَيُؤْمِن بِاللَّهِ فَقَدِ اسْتَمْسَكَ بِالْعُرْوَةِ الْوُثْقَىٰ﴾

[سورة البقرة - 256]

Sens rapproché du verset :
{(...) Donc, quiconque mécroît au Rebelle tandis qu'il croit
en Allah saisit l'anse la plus solide}
[Sourate Al-Baqara (La Vache) - 256]

Et Allah ﷻ a dit :

﴿وَلَقَدْ بَعَثْنَا فِي كُلِّ أُمَّةٍ رَّسُولًا أَنِ اعْبُدُوا اللَّهَ وَاجْتَنِبُوا الطَّاغُوتَ﴾

[سورة النحل - 36]

Sens rapproché du verset :
{Nous avons envoyé dans chaque communauté un messager,
[pour leur dire] : « Adorez Allah et écartez-vous du Taghout ». (...)}
[Sourate An-Nahl (Les abeilles) - verset 36] [8]

---

[8] Fatawa Nour 'ala Ad-Darb (313)

5/ L'ATTESTATION OU LES ABLUTIONS EN PREMIER ?

Question :

Un non-musulman s'est reconverti à l'islam, doit-il d'abord prononcer les deux attestations ou faire les ablutions ?

Réponse du comité permanent de l'Ifta[9] :

Il prononce d'abord les deux attestations, puis il se purifie pour la prière, et il lui est légiféré de faire les grandes ablutions car le Prophète ﷺ a ordonné cela à certains compagnons lorsqu'ils sont devenus musulmans.

Et par Allah vient le succès, et que la Salat et le Salam d'Allah[10] soient sur le prophète Mohammed, sa famille et ses compagnons.[11]

---

[9] Comité permanent des recherches islamiques et de la délivrance des fatwas. Fondée en 1391H / 1971G, c'est une organisation d'Arabie Saoudite composée des plus grands savants du Royaume dont le rôle est, parmi d'autres, d'émettre des décisions dans la jurisprudence (fiqh) et répondre aux questions des musulmans du monde entier selon le coran et la sounnah.

[10] Salat signifie que l'on demande à Allah de faire les éloges du Prophète ﷺ parmi les anges et le Salam signifique que l'on demande à Allah de le préserver de tout mal (voir charh Al-Moumti' de shaykh Ibn Utheymine 3/150 et 163).

[11] Fatawa al-ladjna ad-daima (7559).

6/ PRONONCER L'ATTESTATION DANS UNE AUTRE LANGUE QUE L'ARABE :

Question :

Celui qui désire embrasser l'islam, lui est-il obligatoire de prononcer les deux attestations en arabe ou peut-il [se contenter d'] en prononcer [uniquement] la traduction ?

Réponse de shaykh Al-Fawzan حفظه الله :

S'il a la capacité de le faire en arabe, il la prononce en arabe, et s'il ne peut pas alors il la prononce dans sa langue. [12]

---

[12] Séance de questions-réponses ayant suivies l'un des cours sur l'explication du livre Fath Al-Majid de shaykh 'Abd Ar-Rahman Ibn Hasan Al-Shaykh رحمه الله.

7/ <u>LA BONNE CROYANCE AU SUJET DE 'ISSA (JESUS)</u> ﷺ :

Question :

Quelle est la croyance des musulmans au sujet de 'Issa Ibn Maryam (Jésus fils de Marie) ﷺ ?

Réponse de shaykh Ibn Utheymine رحمه الله :

La croyance des musulmans au sujet de 'Issa Ibn Maryam ﷺ est qu'il est l'un des nobles messagers, et même qu'il est l'un des cinq formant les doués de fermeté (Ouloul 'azm) qui sont : Mohammed ﷺ, Ibrahim (Abraham), Nouh (Noé), Moussa (Moïse) et 'Issa (Jésus), que la Salat et le Salam d'Allah soient sur eux. Allah les a mentionnés dans deux endroits de Son Livre, dans la sourate les coalisés :

﴿وَإِذْ أَخَذْنَا مِنَ النَّبِيِّينَ مِيثَاقَهُمْ وَمِنكَ وَمِن نُّوحٍ وَإِبْرَاهِيمَ وَمُوسَىٰ وَعِيسَى ابْنِ مَرْيَمَ ۖ وَأَخَذْنَا مِنْهُم مِّيثَاقًا غَلِيظًا﴾

[سورة الأحزاب- 7]

Sens rapproché du verset :
{Lorsque Nous prîmes des Prophètes leur engagement, de même que de toi, de Nouh, d'Ibraham, de Moussa, et de 'Issa fils de Maryam : et Nous avons pris d'eux un engagement solennel}
[Sourate Al-Ahzab (Les coalisés) - verset 7]

Et dans la sourate Ash-Shura :

﴿شَرَعَ لَكُم مِّنَ الدِّينِ مَا وَصَّىٰ بِهِ نُوحًا وَالَّذِى أَوْحَيْنَا إِلَيْكَ وَمَا وَصَّيْنَا بِهِ إِبْرَاهِيمَ وَمُوسَىٰ وَعِيسَىٰ أَنْ أَقِيمُوا الدِّينَ وَلَا تَتَفَرَّقُوا فِيهِ﴾

[سورة الشُّورَة - 13]

Sens rapproché du verset :
{Il vous a légiféré en matière de religion, ce qu'Il avait enjoint
à Nouh, ce que Nous t'avons révélé, ainsi que ce que Nous
avons enjoint à Ibrahim, à Moussa et à 'Issa : « établissez la
religion ; et n'en faites pas un sujet de division » (…)}
[Sourate Ash-Shura (La consultation) - verset 13]

De même, 'Issa ☙ est un être humain parmi les fils d'Adam,
créé d'une mère et sans père, et qu'il est un serviteur d'Allah
et Son messager. Il est ainsi un serviteur qui ne doit pas être
adoré, un messager que l'on ne doit pas démentir, et il n'est
en rien doté de spécificités de Seigneurie (Ar-Rouboubiya).
Mais il est comme a dit Allah ☙ :

﴿إِنْ هُوَ إِلَّا عَبْدٌ أَنْعَمْنَا عَلَيْهِ وَجَعَلْنَاهُ مَثَلًا لِّبَنِى إِسْرَائِيلَ﴾

[سورة الزُّخرف - 59]

Sens rapproché du verset :
{Il ('Issa) n'était qu'un Serviteur que Nous avions comblé de
bienfaits et que Nous avions désigné en exemples aux
Enfants d'Israël.}
[Sourate Az-Zukhruf (L'Ornement) - verset 59]

De plus, il ﷺ n'a pas ordonné à son peuple de le prendre lui ou sa mère comme divinités en dehors d'Allah, mais il leur a dit ce qu'Allah ﷻ lui a ordonné :

﴿اعْبُدُوا اللَّهَ رَبِّي وَرَبَّكُمْ﴾

[سورة المائدة - 117]

Sens rapproché du verset
{(…) « Adorez Allah, mon Seigneur et votre Seigneur » (…)}
[Sourate Al-Mâ'ida (La table servie) - verset 117]

[La bonne croyance au sujet de 'Issa est aussi] qu'il ﷺ a été créé d'une Parole d'Allah, comme a dit Allah ﷻ :

﴿إِنَّ مَثَلَ عِيسَىٰ عِندَ اللَّهِ كَمَثَلِ آدَمَ ۖ خَلَقَهُ مِن تُرَابٍ ثُمَّ قَالَ لَهُ كُن فَيَكُونُ﴾

[سورة آل عمران - 59]

Sens rapproché du verset
{Pour Allah, Jésus est comme Adam qu'Il créa de poussière, puis Il lui dit « Sois » : et il fut.}
[Sourate Al-Imran (La famille d'Imran) - verset 59]

Et qu'il n'y a pas de messager entre lui et Mohammed ﷺ tel que l'a dit Allah ﷻ :

﴿وَإِذْ قَالَ عِيسَى ابْنُ مَرْيَمَ يَا بَنِي إِسْرَائِيلَ إِنِّي رَسُولُ اللَّهِ إِلَيْكُم مُّصَدِّقًا لِّمَا بَيْنَ يَدَيَّ مِنَ التَّوْرَاةِ وَمُبَشِّرًا بِرَسُولٍ يَأْتِي مِن بَعْدِي اسْمُهُ أَحْمَدُ فَلَمَّا جَاءَهُم بِالْبَيِّنَاتِ قَالُوا هَذَا سِحْرٌ مُّبِينٌ﴾

[سورة الصّف - 6]

Sens rapproché du verset :
{Et quand 'Issa Ibn Maryam dit : « Ô Enfants d'Israël, je suis vraiment le messager d'Allah [envoyé] à vous, confirmateur de ce qui, dans la Thora, est antérieur à moi, et annonciateur d'un messager à venir après moi, dont le nom sera « Ahmad ». Puis quand celui-ci vint à eux avec des preuves évidentes, ils dirent : « C'est là une magie manifeste ».}
[Sourate As-Saff (Les rangs) - verset 6]

Et n'est pas totalement accomplie la foi de quiconque jusqu'à ce qu'il croie que 'Issa est un serviteur d'Allah et Son messager, qu'il se désengage et se désavoue de ce qui lui a été attribué par les juifs qui ont dit de lui « qu'il est le fils d'une courtisane, et qu'il est né de la fornication », qu'Allah nous préserve [de dire une telle chose].

Allah ﷻ l'en a innocenté, comme ils, c'est-à-dire les musulmans, se désavouent de la voie des chrétiens qui se sont égarés dans la connaissance de la vérité concernant 'Issa Ibn Maryam, puisqu'ils l'ont pris ainsi que sa mère comme

33

divinités en dehors d'Allah et certains d'entre eux ont dit « c'est le fils d'Allah » et d'autres ont dit « c'est le troisième de trois ».

En ce qui concerne son assassinat et sa crucifixion, Allah a démenti qu'il ait été tué ou crucifié, d'un démenti explicite et catégorique, Il ﷻ a ainsi dit :

﴿وَمَا قَتَلُوهُ وَمَا صَلَبُوهُ وَلَـٰكِن شُبِّهَ لَهُمْ ۚ وَإِنَّ الَّذِينَ اخْتَلَفُوا فِيهِ لَفِى شَكٍّ مِّنْهُ ۚ مَا لَهُم بِهِ مِنْ عِلْمٍ إِلَّا اتِّبَاعَ الظَّنِّ ۚ وَمَا قَتَلُوهُ يَقِينًا (157) بَل رَّفَعَهُ اللَّهُ إِلَيْهِ ۚ وَكَانَ اللَّهُ عَزِيزًا حَكِيمًا (158) وَإِن مِّنْ أَهْلِ الْكِتَابِ إِلَّا لَيُؤْمِنَنَّ بِهِ قَبْلَ مَوْتِهِ ۖ وَيَوْمَ الْقِيَامَةِ يَكُونُ عَلَيْهِمْ شَهِيدًا (159)﴾

[سورة النِّساء -157، 158، 159]

Sens rapproché des versets :
{(…) Or, ils ne l'ont ni tué ni crucifié ; mais ce n'était qu'un faux semblant ! Et ceux qui ont discuté sur son sujet sont vraiment dans l'incertitude : ils n'en ont aucune connaissance certaine, ils ne font que suivre des conjectures et ils ne l'ont certainement pas tué, (157) mais Allah l'a élevé vers Lui. Et Allah est Puissant et Sage. (158) Il n'y aura personne, parmi les gens du Livre, qui n'aura pas foi en lui avant sa mort. Et au Jour de la Résurrection, il sera témoin contre eux. (159) }
[Sourate An-Nissa (Les femmes) - versets 157 à 159]

34

En conséquence, celui qui croit que 'Issa Ibn Maryam a été tué et crucifié a certes démenti le Coran, et celui qui dément le Coran a certes mécru.

Donc, nous croyons au fait que 'Issa ﷺ n'ait pas été tué et n'ait pas été crucifié, mais nous disons que les juifs ont endossé le péché de l'assassinat et la crucifixion, lorsqu'ils ont prétendu qu'ils ont tué le Messie 'Issa Ibn Maryam le messager d'Allah, alors qu'ils ne l'ont pas réellement tué. Mais ils n'ont tué que le faux semblant. Lorsqu'Allah a établi une ressemblance à l'un d'entre eux, alors ils l'ont tué et crucifié. Ils ont dit : « Nous avons tué le Messie 'Issa Ibn Maryam le messager d'Allah ».

Ainsi, les juifs ont endossé le péché de l'assassinat et la crucifixion en l'affirmant à leur encontre. Le Messie 'Issa Ibn Maryam a été innocenté de cela par Allah, Il l'a préservé et l'a élevé auprès de Lui dans le ciel, et il redescendra bientôt sur Terre à la fin des temps. Il gouvernera alors par la législation du prophète [Mohammed] ﷺ puis il mourra sur Terre et y sera enterré, et il en sortira comme sortiront tous les fils d'Adam conformément à la Parole d'Allah ﷻ :

$$﴿مِنْهَا خَلَقْنَاكُمْ وَفِيهَا نُعِيدُكُمْ وَمِنْهَا نُخْرِجُكُمْ تَارَةً أُخْرَىٰ﴾$$

[سورة طه - 55]

35

Sens rapproché du verset :
{C'est d'elle (la terre) que Nous vous avons créés, et en elle
Nous vous retournerons, et d'elle Nous vous ferons sortir
une fois encore.}
[Sourate Ta-Ha - verset 55]

Et Sa Parole  :

﴿قَالَ فِيهَا تَحْيَوْنَ وَفِيهَا تَمُوتُونَ وَمِنْهَا تُخْرَجُونَ﴾

[سورة الأعراف - 25]

Sens rapproché du verset :
{« Là, dit (Allah), vous vivrez, là vous mourrez,
et de là on vous fera sortir. »}
[Sourate Al-A'raf (Le mur d'A'raf) - verset 25] [13]

❊　　　❊　　　❊

---

[13] Fatawa arkan al islam (334).

8/ RECONVERSION JUSTE AVANT DE MOURIR :

Question :

(Deux frères en islam divergent sur la reconversion d'une personne juste avant sa mort, en exposant chacun ses arguments). Un frère dit à un autre « il s'agit d'un chrétien qui a embrassé l'islam quelques instants avant sa mort et qui a prononcé les deux attestations ». Le deuxième lui dit qu'il n'a pas embrassé l'islam dans la mesure où il n'a pas fait d'action [dans la religion puisqu'il est décédé immédiatement après avoir prononcé l'attestation], donc quiconque dit qu'il a embrassé l'islam est sur la croyance des Mourjia[14]. Le premier dit alors « que dis-tu donc de la parole du Prophète ﷺ à son oncle, lui ordonnant l'attestation alors qu'il est sur son lit de mort, ainsi que le hadith « as-tu ouvert son cœur ? ». Le deuxième répondit : « Et qu'as-tu à dire sur le récit de Pharaon et de sa noyade ? ». Qu'Allah vous bénisse shaykh.

Réponse de shaykh Ibn Utheymine رحمه الله :

Il n'y a pas de problème (dans la question posée). Si la personne se repentit avant d'agoniser, Allah ﷻ accepte son repentir. Les textes [à ce sujet] vont en ce sens.

---

[14] Secte égarée de l'islam.

Quant au fait de dire que c'est la parole des mourjia, alors les mourjia disent que la personne qui commet des péchés, qui s'est reconvertie avant et était désobéissante envers Allah sans la mécréance, est croyante d'une foi parfaite, et que la désobéissance ne lui cause aucune nuisance…

Mais cet homme n'a pas commis de péché du tout. Au contraire, il a prononcé l'attestation qu'il n'y a nulle divinité digne d'être adorée en réalité en dehors d'Allah, puis il est décédé, c'est donc cela la finalité de la perfection de sa foi. C'est en ce sens qu'est venu dans le hadith que celui dont la dernière parole en ce bas-monde est « la ilaha ila Llah » entrera au Paradis.

Et il ne nous est pas dissimulé le récit d'Al-Usayrim, un homme des Bani 'Abd Al Ach-hal, qui avait rejeté le Prophète ﷺ, détestant son appel [à l'islam]. Quand il a entendu parler de la bataille d'Uhud[15], Allah ﷻ mit l'islam dans son cœur, et il sortit [rejoindre les musulmans]. Puis, quand il sortit et arriva ce qui arriva aux musulmans, les gens commencèrent à rechercher leurs morts, et ils trouvèrent cet homme sur son dernier souffle. Ils lui dirent : « Qu'est-ce qui t'a donc amené [ici] ? N'es-tu pas contre cela ? Es-tu venu compatir avec ton peuple ? Ou par désir d'islam ? » Il dit : « C'est plutôt par désir d'islam ». Il leur demanda de transmettre ses salutations au Prophète ﷺ. Le Prophète ﷺ a donc informé,

---

15 Une des batailles les plus célèbres du début de l'islam.

selon ce dont je me souviens maintenant, qu'il fait partie des gens du Paradis.

Les actes valent donc par leurs finalités, qu'Allah parfasse pour nous et vous notre terme. [16]

---

[16] Liqâ Bab al-maftouh (119).

APRES LA RECONVERSION

9/ LE CHANGEMENT DE PRENOM :

Question :

Est-il nécessaire pour celui qui se reconvertit à l'islam de modifier son prénom s'il s'appelle par exemple Georges, Joseph ou autre ?

Réponse de shaykh Ibn Baz رحمه الله :

Il ne lui est pas obligatoire de changer son prénom sauf s'il a pour signification une adoration en dehors d'Allah, toutefois choisir un beau prénom est légiféré. En effet, le fait de modifier son prénom étranger (non arabe) en un prénom de l'islam est une bonne chose mais pas une obligation.

Si son prénom est 'Abd El-Massih (serviteur du Messie) ou ce qui s'y apparente, dans ce cas il le modifie. En revanche, s'il ne s'agit pas d'une divinité adorée en dehors d'Allah comme [c'est le cas de] Georges, Paul et autres que ceux-là, il ne lui est alors pas obligatoire de changer, dans la mesure où il s'agit de prénoms communs qui sont utilisés par les chrétiens et par les autres.

Et par Allah vient le succès. [17]

10/ LE CERTIFICAT DE RECONVERSION :

Question :

Les musulmans étrangers d'Europe se voient souvent attribuer des attestations écrites prouvant leurs reconversions à l'islam de la part des institutions islamiques là-bas. À ma connaissance, on n'a jamais délivré de tels certificats écrits, au fil de l'histoire islamique aux musulmans pour prouver qu'ils sont de confession musulmane.

Le témoignage de deux musulmans intègres, ainsi que la déclaration par cet Européen lui-même de sa reconversion à l'islam, ne suffisent-ils pas pour ne pas avoir besoin de tels certificats ? N'est-ce pas une innovation [religieuse] ?

---

[17] Madjmou' Al-Fatawa (18/58).

Réponse du comité permanent de l'Ifta :

Un musulman n'a pas besoin de tels certificats pour justifier sa reconversion à l'islam [dans sa relation] entre lui et son Seigneur.

Cependant, il se peut que se rattachent [à ce certificat] des droits ou des devoirs vis-à-vis des gens en général ou des gouvernements des pays. C'est pour cela qu'il devrait pouvoir prouver sa reconversion au même titre que d'avoir un passeport, un hafidatou nafs[18], un acte de mariage, un acte de naissance.

De telles choses peuvent parfois lui être indispensables comme dans le cas où il voyagerait vers un pays dans lequel personne ne le connaîtrait, ou s'il décède loin de son pays et de ses amis, de sorte qu'on ne puisse le reconnaître que par le biais de son passeport, de sa carte d'identité ou par le document qui a été mentionné (certificat de reconversion), car l'identification est souvent impossible dans de telles situations.

Sur cette base, il n'y a pas d'inconvénient à recourir à ce certificat, même s'il constitue une sorte d'innovation, mais ça n'est pas [considéré comme] une innovation religieuse.

---

[18] Il s'agit d'un document propre à l'Arabie Saoudite.

Et ce qui est interdit [en islam], c'est l'innovation religieuse, conformément à la parole du Prophète ﷺ : « *Celui qui innove dans notre affaire-ci (la religion) [une chose] qui n'en fait pas partie, elle est rejetée.* » [19]

Il a ainsi montré que ce qui est rejeté comme innovation, est ce qui a trait à la religion.

Qu'Allah vous accorde la réussite et Salat et Salam sur notre prophète Mohammad, ainsi que sur sa famille et ses compagnons. [20]

11/ PAR QUELS LIVRES COMMENCER ?

Question :

Qu'Allah vous comble de bienfaits. Une personne demande : Quels sont les livres dont vous me recommandez la lecture, de sorte que mon cœur s'asservisse, qu'il renonce à la vie d'ici-bas et qu'il cherche à obtenir ce qui est auprès d'Allah ? Qu'Allah vous rétribue de la meilleure rétribution.

---

[19] Hadith rapporté par Al-Boukhari (2697) et Muslim (1719).
[20] Fatawa al-ladjna ad-daima (7212).

Réponse de shaykh Zayd Al Madkhali رحمه الله [21] :

En tête des livres se trouve le Livre d'Allah ﷺ. Il doit le lire avec méditation. Il peut également en lire l'exégèse (tafsir), selon sa capacité. Il doit faire un choix parmi les livres traitant de la sounnah, en fonction de son niveau de science, comme « Ryadh As-Salihin », « Boulough Al Maram », les 50 hadiths expliqués par Ibn Rajab, ou « 'Umdat Al-Ahkam ». Et après cela, il étudie les six livres de référence, à savoir les « les deux authentiques » et les quatre « sounnan ».

Et s'il a atteint ce degré, il sera en mesure de faire son propre choix parmi les livres profitables et bénéfiques.

Concernant la croyance ('aqidah), il doit concentrer son attention sur l'étude des livres de 'aqidah, comme « Kitab At-Tawhid » du shaykh Mohammed Ibn 'Abd Al-Wahhab, et avant cela « Al Oussoul Ath-Thalathah » et « Arba'at Qawa'id », puis « Kashf Ash-Shoubouhat », « Al 'Aqidah Al-Wassitiyyah » d'Ibn Taymiyyah, et d'autres livres encore, en fonction de sa capacité. Il doit ensuite poser régulièrement

---

[21] Zayd Ibn Mohammed Ibn Hadi Al Madkhali (1357-1435H/1938-2014G). A été professeur à l'université de Samita et n'a cessé d'y enseigner jusqu'à sa retraite en 1417H. Il a fondé la bibliothèque « Maktaba As-Salafiya Khayriya » mettant à disposition des étudiants en science venus du monde entier plus de 4000 livres. Considéré comme le deuxième savant de Jazan à son époque avec le grand savant shaykh Ahmad An Nadjmi. Qu'Allah leur fasse miséricorde.

des questions aux gens de science afin d'en profiter et d'en faire profiter les autres. [22]

12/ LA CIRCONCISION :

Question :

Si un homme se reconvertit à un âge avancé, et n'a pas été circoncis quand il était enfant car il était mécréant, comment doit-on agir avec lui ?

Réponse de shaykh Ibn Baz رحمه الله :

En ce qui concerne la circoncision, il est préférable qu'il se fasse circoncire même en étant âgé, mais par l'intermédiaire d'un médecin compétent et averti. Il doit se faire circoncire, et un groupe de savants a [même] dit qu'il lui est obligatoire de se circoncire. Certains sont d'avis qu'il

---

[22] Séance de questions-réponses du dimanche 7 du mois de rabi' ath-thani 1426, qui correspond au 15 mai 2005.

doit être circoncis s'il n'y a pas de danger. Cependant, si le médecin dit qu'il y a un danger, dans ce cas non, l'obligation est abrogée. Mais si le médecin dit qu'il n'y a pas de mal à effectuer la circoncision, et qu'il n'y a aucun danger en cela, il doit donc se faire circoncire, c'est ce qu'il doit faire.

Il s'agit d'une tradition prophétique (sounnah) fortement recommandée ou obligatoire selon un groupe de savants. De ce fait, s'il lui est possible de se faire circoncire bien qu'il soit âgé, sans danger, c'est ce qui prévaut, est préférable et est plus prudent [religieusement].

En revanche, s'il y a en cela une difficulté, ou que certains médecins disent qu'il y a un danger, dans ce cas non. Il n'y a pas de besoin en cela, et [l'obligation] est abrogée. Si sa circoncision peut être une raison pour qu'il s'éloigne de l'islam, on ne la lui mentionne pas, on ne lui montre pas cela et on la délaisse. Car sa reconversion à l'islam est un immense bienfait, même s'il n'est pas circoncis. C'est pour cela qu'il ne faudrait pas lui présenter une chose qui l'éloignerait de l'islam. Mais s'il rentre en islam, et qu'il y est enraciné, alors on regarde après cela. S'il lui est facile de se faire circoncire sans peine et sans danger, c'est ce qui est prioritaire et plus prudent [religieusement]. Si ça ne lui est pas facile, on la délaisse, oui. [23]

---

[23] Fatwa n°5947 publiée sur le site officiel de shaykh Ibn Baz رحمه الله.

13/ DIFFICULTÉS RENCONTRÉES DANS SON PAYS ET SA FAMILLE APRÈS LA RECONVERSION EN ISLAM :

Question :

Par la Grâce d'Allah et par Sa Guidée, certaines filles du Japon ont déclaré leurs reconversions à l'islam. De là a débuté le conflit avec la société japonaise athée, dont les gens préfèrent le maintien sur la mécréance, ou même leur reconversion au christianisme altéré au fait de se reconvertir à l'islam. Cela en raison du fait qu'il n'y ait pas d'obligations dans leur christianisme falsifié, donc la personne consomme de l'alcool et mange du porc, il a des amies dans l'illicite. Mais c'est un chrétien qui croit au Seigneur, au fils du Seigneur et au Saint-Esprit... Il n'y a de changement et de force que par Allah, l'Unique, l'Incomparable, Le Seul à être imploré pour ce que nous désirons, qui n'a jamais engendré et n'a pas été engendré non plus, et nul n'est égal à Lui. Mais s'il se reconvertit à l'islam, alors il devient une personne distincte des autres, et différente d'elles, en retrait de leur société et abandonnant leur groupe. Alors la société le rejette et le regarde avec un regard irrationnel.

47

Réponses des grands savants aux questions des musulmans d'Occident

De ce fait ils s'affranchissent souvent de lui par l'isolement et l'interdiction de travailler. Il est japonais comme eux, alors [ils se disent] comment peut-il commettre cet acte odieux ? Il se reconvertit à l'islam et il délaisse leurs fêtes, leurs alcools, leur porc, et il prie Allah qu'ils ne considèrent pas comme leur Seigneur.

Le problème est double pour la fille, dans la mesure où sa force est inférieure, et sa ressource financière est généralement liée à son travail si elle en a un, ou à sa famille mécréante. L'un des nombreux problèmes auxquels la jeune fille musulmane est confrontée, le problème de l'accomplissement des obligations comme le port du voile. Dans de nombreux cas, elle en est empêchée par son travail, comme on l'empêche également d'effectuer la prière sur son lieu de travail, ce qui la rend incapable de l'accomplir en son temps. C'est pourquoi elle les rattrape en les regroupant de crainte d'être licenciée de son travail, qui représente sa seule source de revenus, car elle vit complètement isolée de sa famille, et dont elle est la seule reconvertie.

Ensuite, un autre problème concernant une autre musulmane, qui ne peut jeûner le mois béni de ramadan, puisqu'elle cache sa reconversion à sa famille, et notamment sa mère, fervente chrétienne, qui n'accepte pour elle ni la mécréance (c'est-à-dire la non-chrétienté pour elle), ni la reconversion à l'islam, sachant que cette sœur a 18 ans, qu'elle est encore dans le cursus d'enseignement à l'université, et dont la famille assure les dépenses. Par conséquent, elle vit avec eux dans la même maison, partageant avec eux la nourriture, les boissons et l'ensemble de l'existence, qui peut inclure de nombreuses choses interdites. Elle ne peut pas, par exemple, jeûner le mois de ramadan, sinon cela semblerait étrange à sa famille et ils connaitraient sa reconversion, lui feraient du mal, l'empêcheraient par tous les moyens de terminer ses études et briseraient sa vie, car ce sera sa seule ressource à l'avenir.

Enfin, il y a un troisième problème en la personne d'un japonais qui a déclaré sa reconversion par La Grâce d'Allah et Sa Miséricorde, mais son épouse subsiste toujours sur sa mécréance, ainsi que ses enfants, nous cherchons refuge auprès d'Allah contre cela. Il ne sait pas ce qu'il doit faire avec eux.

Ici nous vous demandons, honorable shaykh :

1/ Comment doit se comporter la sœur musulmane dans la situation susmentionnée ici au Japon ?

2/ Que doit faire le frère japonais en ce qui concerne son épouse ? Lui est-elle licite si elle demeure sur sa mécréance ? Et que doit-il faire également vis-à-vis de ses enfants ?

3/ La prière de la femme hors de chez elle est-elle valide ? De même dans les lieux publics, en étant assise dans le but de ne pas montrer les parties interdites ?

Qu'Allah vous récompense pour elles et l'ensemble des musulmans de la meilleure des récompenses.

Réponse du comité permanent de l'Ifta :

Premièrement, quiconque embrasse l'islam et dissimule sa reconversion de crainte qu'il ne subisse un préjudice en la divulguant, doit s'efforcer de présenter le meilleur de l'islam à celui qu'il craint, sans lui montrer ce qui laisse apparaitre sa reconversion à l'islam.

Il invoque également Allah de le guider, peut-être qu'Allah ouvrira sa poitrine à l'islam et il en découlera de sa reconversion un bien pour lui-même ainsi que l'éloignement du mal qui peut être attendu de lui.

S'il n'est pas guidé et que son préjudice est toujours prévisible, ou que le pays ne permet pas la manifestation des rituels de l'islam, alors lui est obligatoire l'émigration vers les musulmans s'il en a la possibilité. Allah ﷻ a dit :

$$﴿وَمَنْ يُهَاجِرْ فِي سَبِيلِ اللَّهِ يَجِدْ فِي الْأَرْضِ مُرَاغَمًا كَثِيرًا وَسَعَةً﴾$$

[سورة النِّساء - 100]

50

Sens rapproché du verset :
{Et quiconque émigre dans le sentier d'Allah trouvera sur
terre maints refuges et abondance (…)}
[Sourate An-Nissa (Les Femmes) - verset 100]

C'est-à-dire qu'il trouvera des changements, un éloignement
de ce qu'il déteste, et une aisance pour s'écarter de
l'égarement vers la guidée, du souci vers le soulagement, de
la pauvreté vers la richesse. Mais s'il est dans l'incapacité
d'émigrer, faisant partie des impuissants, alors Allah l'a
excusé. Comme celui qui est empêché d'émigrer, ou s'il s'agit
d'une femme. Allah ﷻ a dit :

﴿إِنَّ الَّذِينَ تَوَفَّاهُمُ الْمَلَائِكَةُ ظَالِمِي أَنْفُسِهِمْ قَالُوا فِيمَ كُنْتُمْ قَالُوا كُنَّا
مُسْتَضْعَفِينَ فِي الْأَرْضِ قَالُوا أَلَمْ تَكُنْ أَرْضُ اللَّهِ وَاسِعَةً فَتُهَاجِرُوا فِيهَا
فَأُولَئِكَ مَأْوَاهُمْ جَهَنَّمُ وَسَاءَتْ مَصِيرًا (97) إِلَّا الْمُسْتَضْعَفِينَ مِنَ الرِّجَالِ
وَالنِّسَاءِ وَالْوِلْدَانِ لَا يَسْتَطِيعُونَ حِيلَةً وَلَا يَهْتَدُونَ سَبِيلًا (98) فَأُولَئِكَ
عَسَى اللَّهُ أَنْ يَعْفُوَ عَنْهُمْ وَكَانَ اللَّهُ عَفُوًّا غَفُورًا(99) ﴾

[سورة النّساء - 97، 98، 99]

Sens rapproché des versets :
{Ceux qui ont fait du tort à eux-mêmes, les Anges enlèveront
leurs âmes en disant : « Où en étiez-vous ? » (à propos de
votre religion) – « Nous étions impuissants sur terre »,
dirent-ils. Alors les Anges diront : « La terre d'Allah n'était-
elle pas assez vaste pour vous permettre d'émigrer ? » Voilà

bien ceux dont le refuge est l'Enfer. Et quelle mauvaise destination ! (97) A l'exception des impuissants : hommes, femmes et enfants, incapables de se débrouiller, et qui ne trouvent aucune voie : (98) A ceux-là, il se peut qu'Allah donne le pardon. Allah est Clément et Pardonneur. (99)}
[Sourate An-Nissa (Les Femmes) - verset 97 à 99]

Le sens est qu'ils n'ont pas la capacité de se débrouiller, ni de dépenser, ni de trouver de chemin vers l'émigration s'ils quittent [leurs pays].

Deuxièmement, si sa capacité à se débrouiller est faible, alors qu'elle contacte les centres islamiques dans son pays s'il y en a, il se peut qu'elle y trouve une aide et une résolution de son problème. Sinon, elle doit patienter et attendre le soulagement venant d'Allah, et demander à Allah qu'Il lui facilite son affaire. Elle sera récompensée pour tout cela, avec son engagement en islam, ses règles et devoirs, selon ses capacités, en raison de la Parole d'Allah ﷻ :

$$\{فَاتَّقُوا اللَّهَ مَا اسْتَطَعْتُمْ\}$$

[سورة التّغابن - 16]

Sens rapproché du verset :
{Craignez Allah, donc, autant que vous pouvez (…)}
[Sourate At-Taghabun (La Grande Perte) - verset 16]

Ainsi que la parole du Prophète ﷺ : « *et lorsque je vous ordonne une chose, alors accomplissez-en ce que vous pouvez* ».[24]

Troisièmement, si le mari se reconvertit à l'islam, que son épouse demeure sur la mécréance, et si elle fait partie des gens du Livre[25] qu'elle soit juive ou chrétienne, alors il lui est permis de poursuivre avec elle, car le principe de base est qu'il est permis au musulman d'épouser la vertueuse parmi les gens du Livre, en raison de la Parole d'Allah ﷺ :

﴿الْيَوْمَ أُحِلَّ لَكُمُ الطَّيِّبَاتُ وَطَعَامُ الَّذِينَ أُوتُوا الْكِتَابَ حِلٌّ لَكُمْ وَطَعَامُكُمْ حِلٌّ لَهُمْ وَالْمُحْصَنَاتُ مِنَ الْمُؤْمِنَاتِ وَالْمُحْصَنَاتُ مِنَ الَّذِينَ أُوتُوا الْكِتَابَ مِنْ قَبْلِكُمْ﴾

[سورة المائدة - 5]

Sens rapproché du verset :
{Vous sont permises, aujourd'hui, les bonnes choses. Vous est permise la nourriture des gens du Livre, et votre propre nourriture leur est permise. (Vous sont permises) les femmes vertueuses d'entre les croyantes, et les femmes vertueuses d'entre les gens qui ont reçu le Livre avant vous}
[Sourate Al-Mâ'ida (La table servie) - verset 5]

---

24 Rapporté par Al-Boukhari (7288) et Muslim (1337).
25 La signification de « gens du livre » est explicitée à la question 21.

53

En revanche, si elle ne fait pas partie des gens du Livre, il n'est pas permis de rester avec elle en raison de la Parole d'Allah ﷻ :

﴿ وَلاَ تُمْسِكُوا بِعِصَمِ الْكَوَافِرِ ﴾

[سورة الممتحنة - 10]

Sens rapproché du verset :

{(…) Et ne gardez pas de liens conjugaux avec les mécréantes (…)}
[Sourate Al-Mumtahana (L'éprouvée) - verset 10]

Si l'épouse embrasse l'islam, et que le mari demeure sur la mécréance, elle lui est interdite, en raison de la Parole d'Allah ﷻ :

﴿يَا أَيُّهَا الَّذِينَ آمَنُوا إِذَا جَاءَكُمُ الْمُؤْمِنَاتُ مُهَاجِرَاتٍ فَامْتَحِنُوهُنَّ اللَّهُ أَعْلَمُ بِإِيمَانِهِنَّ فَإِنْ عَلِمْتُمُوهُنَّ مُؤْمِنَاتٍ فَلَا تَرْجِعُوهُنَّ إِلَى الْكُفَّارِ لاَ هُنَّ حِلٌّ لَهُمْ وَلاَ هُمْ يَحِلُّونَ لَهُنَّ﴾

[سورة الممتحنة - 10]

Sens rapproché du verset :

{Ô vous qui avez cru ! Quand les croyantes viennent à vous en émigrées, éprouvez-les ; Allah connaît mieux leur foi ; si vous constatez qu'elles sont croyantes, ne les renvoyez pas aux mécréants. Elles ne sont pas licites [en tant qu'épouses] pour eux, et eux non plus ne sont pas licites [en tant qu'époux] pour elles. (…)}
[Sourate Al-Mumtahana (L'éprouvée) - verset 10][26]

---

[26] Ce sujet sera développé à l'occasion d'autres questions dans le chapitre du mariage.

S'il lui est imposé et qu'elle ne peut pas le quitter, elle patiente avec lui jusqu'à ce que le soulagement lui parvienne et qu'il n'y ait plus d'embarras pour elle, comme ont été patientes les femmes musulmanes au début de l'islam. Parmi elles, Zeyneb la fille du Messager ﷺ, qu'Allah l'agrée, qui est restée, après avoir embrassé l'islam, avec son mari Abi Al 'As Ibn Rabi' avant qu'il n'embrasse [lui aussi] l'islam, en raison de l'incapacité du Prophète ﷺ de les séparer jusqu'à ce qu'elle le rejoigne (le Prophète) ﷺ plus tard, et elle s'est séparée de son mari. Puis le Prophète ﷺ l'a restituée [à Abi Al 'As Ibn Rabi'] après qu'il eut embrassé l'islam.

Quatrièmement : Quant aux enfants, ils suivent le meilleur des deux parents religieusement. Donc si l'un des époux devient musulman, il est alors statué que tous les enfants mineurs sont musulmans, car l'enfant suit toujours le meilleur des parents en religion.

Cinquièmement : Il est obligatoire à la femme de se voiler des hommes étrangers et de se tenir à l'écart de tout ce qui contient un dévoilement de sa parure. Elle s'efforce de rester chez elle, et de n'en sortir que par nécessité en prenant soin de se couvrir et avec pudeur. Si elle est obligée de prier pendant qu'elle est en dehors de chez elle, alors elle se met à l'écart des hommes et elle prie.

Concernant ce qui a été mentionné dans la question, cela ne lui permet pas de délaisser la position debout [dans la prière], car se tenir debout en y étant capable est l'un des piliers de la prière, et elle est capable de le faire.

D'Allah vient le succès. Et que la Salat et le Salam soient sur notre prophète Mohammed ainsi que sa famille et ses compagnons. [27]

14/ JEÛNER SI ON SE RECONVERTIT EN PLEINE JOURNÉE DE RAMADAN ?

Question :

Si un non-musulman se reconvertit à l'islam pendant la journée du ramadan, doit-il jeûner avec les musulmans, même s'il n'a pas pris connaissance des autres éléments de la religion ?

Réponse de shaykh Ibn Utheymine رحمه الله :

Si un non-musulman se reconvertit à l'islam pendant la journée, les savants ont une divergence d'opinions à ce sujet,

---

[27] Fatawa al-ladjna ad-daima (17336).

et l'opinion la plus correcte à mon avis est qu'il doive faire l'imsak[28]. Parce que cet homme fait maintenant partie des personnes qui y sont tenues, et la cause de l'obligation s'est renouvelée le concernant, donc il doit faire l'imsak. À l'instar de l'enfant, s'il devient pubère pendant la journée, alors il est obligé de faire l'imsak, et il n'a pas à rattraper [ce jour][29]. De même le non-musulman, s'il embrasse l'islam pendant la journée, il doit faire l'imsak sans rattraper [ce jour], car il fait maintenant partie des personnes qui y sont tenues.

La différence entre ces deux-là (le reconverti et l'enfant d'un côté) et la femme si elle se purifie [de ses menstrues] pendant la journée [de ramadan de l'autre], est que la purification de la femme pendant la journée est [due à] la disparition d'un empêchement (les menstrues), et il lui est permis de ne pas jeûner ce jour, même si elle fait partie des personnes qui en sont obligées. Quant au non-musulman s'il embrasse l'islam, et le garçon s'il atteint la puberté, alors il ne s'agit pas de la disparition d'un empêchement, mais du rétablissement de la raison de l'obligation, puisqu'au début de la journée ils ne faisaient pas partie des personnes qui y étaient obligées.

Ainsi, la femme fait partie, depuis le début de la journée, des personnes pour qui [le jeûne] était obligatoire mais il y avait

---

[28] S'abstenir de tout ce qui est interdit lors d'une journée de ramadan, et donc jeûner.
[29] NDT : le jour lui est donc compté et il n'a pas à le refaire même s'il n'a pas débuté le jeûne depuis le début de la journée.

un empêchement. Quant au non-musulman et au jeune enfant, au début de la journée, ils n'étaient pas de ceux qui devaient [jeûner]. Donc lorsque s'est rétablie l'obligation, l'imsak leur est devenu obligatoire, et ils ne sont pas tenus de rattraper [ce jour de jeûne]. Ils bénéficient alors de cet imsak, et ils n'ont pas à rattraper [cette journée]. [30]

15/ LES BIENS ILLICITES OBTENUS AVANT LA RECONVERSION :

Question :

Celui qui se reconvertit à l'islam, et possède des biens illicites acquis avant sa reconversion, que doit-il en faire : Doit-il les donner en aumône ou bien lui est-il permis de les investir ?

Après l'investissement, ces biens lui seront-ils licites ou illicites ? Éclairez-nous dans les plus brefs délais possibles, qu'Allah vous rétribue de la meilleure des rétributions !

---

[30] Fatawa Nour 'ala Ad-Darb (131).

Réponse du comité permanent de l'Ifta :

Celui qui se reconvertit à l'islam et possède des biens acquis illicitement, ils lui appartiennent et il n'est pas tenu de s'en débarrasser, dans la mesure où [le fait d'embrasser] l'islam efface tout ce qui le précède.

Toutefois, la proportion de ces biens faisant partie des droits d'autrui, doit être restituée à ses propriétaires.

Qu'Allah vous accorde la réussite et que la Salat et le Salam soient sur notre prophète Mohammed, ainsi que sur sa famille et ses compagnons. [31]

---

[31] Fatawa al-ladjna ad-daima (17983).

LA FAMILLE

16/ PAROLE DE SHAYKH IBN BAZ حفظه الله SUR LA BIENFAISANCE ENVERS LES PARENTS MÊME S'ILS NE SONT PAS MUSULMANS :

Revenons à notre sujet concernant les parents et les enfants. Vous avez entendu de la part des savants que le devoir d'un enfant est de les honorer, de les traiter avec bonté, de les écouter et de leur obéir dans le bien mais non pas dans les péchés.

De ce fait, il doit les écouter et leur obéir dans le bien, être doux envers eux. Il ne doit s'adresser à eux que de belle manière, avec douceur et de bonnes paroles, sans dureté ni virulence. Et il ne doit pas élever la voix mais leur adresser plutôt de bonnes paroles. C'est cela le devoir de l'enfant, à savoir s'adresser à ses parents avec de bonnes paroles.

Il doit également être bienveillant avec eux, s'humilier devant eux, les écouter et leur obéir même s'ils sont mécréants. Même s'ils étaient mécréants, appelant à

60

l'associationnisme (chirk), il ne répond pas [à cet appel de leur part], néanmoins il ne leur nuit pas, et ne leur désobéit pas, mais leur tient compagnie de façon convenable.

Il les accompagne de façon convenable avec des paroles aimables, et un comportement vertueux. Il les gratifie de ce qu'il possède comme biens, s'ils en ont besoin. Ce que l'on veut dire, c'est qu'il soit bon envers eux, peut-être qu'Allah les guidera par sa cause.

En revanche, il n'agit pas envers eux, de la même manière qu'ils ont agi envers lui, mais il doit être bon à leur égard, et être bienfaisant envers eux. Il les appelle à l'unicité d'Allah et à Lui obéir. Toutefois il ne leur désobéit pas en raison de leur mécréance, même s'ils l'appellent à l'associationnisme, comme a dit Allah ﷻ :

$$﴿وَإِنْ جَاهَدَاكَ عَلَى أَنْ تُشْرِكَ بِي مَا لَيْسَ لَكَ بِهِ عِلْمٌ فَلَا تُطِعْهُمَا وَصَاحِبْهُمَا فِي الدُّنْيَا مَعْرُوفًا﴾$$

[سورة لقمان - 15]

Sens rapproché du verset :
{Et si tous deux te forcent à M'associer ce dont tu n'as aucune connaissance, alors ne leur obéis pas ; mais reste avec eux ici-bas de façon convenable.}
[Sourate Loqman - verset 15]

61

Ainsi, Il lui a ordonné de leur tenir compagnie de façon convenable, et de ne pas leur obéir dans l'associationnisme à Allah. [32]

17/ LE COMPORTEMENT AVEC LES PROCHES NON-MUSULMANS :

Question :

Allah nous a honorés par la reconversion à la religion de l'islam, moi-même ainsi que certains de mes frères. Ma question est de savoir quels sont les droits des parents non-musulmans sur les enfants musulmans, de même que les frères et sœurs et les proches, en termes de visites, entretien et liens. Quand le fait de dépenser pour eux est-il obligatoire et quand est-il souhaitable, qu'Allah vous bénisse ?

Réponse de shaykh Ibn Utheymine رحمه الله :

Le devoir d'un enfant musulman envers ses parents est de les honorer lorsqu'il s'agit des affaires mondaines, car Allah ﷻ dit :

---

[32] Audio 1015 publié sur le site officiel de shaykh Ibn Baz رحمه الله.

﴿وَوَصَّيْنَا الْإِنسَانَ بِوَالِدَيْهِ حَمَلَتْهُ أُمُّهُ وَهْنًا عَلَىٰ وَهْنٍ وَفِصَالُهُ فِي عَامَيْنِ أَنِ اشْكُرْ لِي وَلِوَالِدَيْكَ إِلَيَّ الْمَصِيرُ (14) وَإِن جَاهَدَاكَ عَلَىٰ أَن تُشْرِكَ بِي مَا لَيْسَ لَكَ بِهِ عِلْمٌ فَلَا تُطِعْهُمَا ۖ وَصَاحِبْهُمَا فِي الدُّنْيَا مَعْرُوفًا ۖ وَاتَّبِعْ سَبِيلَ مَنْ أَنَابَ إِلَيَّ ۚ ثُمَّ إِلَيَّ مَرْجِعُكُمْ فَأُنَبِّئُكُم بِمَا كُنتُمْ تَعْمَلُونَ (15)﴾

[سورة لقمان – 14/15]

Sens rapproché du verset :
{Nous avons commandé à l'homme [la bienfaisance envers]
ses père et mère ; sa mère l'a porté [subissant pour lui] peine
sur peine : son sevrage a lieu à deux ans. Sois reconnaissant
envers Moi ainsi qu'envers tes parents. Vers Moi est la
destination. (14) Et si tous deux te forcent à M'associer ce dont
tu n'as aucune connaissance, alors ne leur obéis pas ; mais reste
avec eux ici-bas de façon convenable. (15)}
[Sourate Loqman – versets 14 et 15]

Allah nous a donc enjoints d'accompagner
convenablement les parents non-musulmans dans ce bas-
monde. De ce fait, nous dépensons pour eux, les vêtons et
leur faisons des cadeaux, tout en les invitant à l'islam. Car il
se peut qu'Allah fasse entrer dans leur cœur l'islam jusqu'à
ce qu'ils se reconvertissent. Il a dit la même chose concernant
les proches qui ne sont pas musulmans. Il a dit qu'ils ont des
liens de parenté qui doivent être entretenus, il faut donc les
entretenir. Et il invite à l'islam ce proche avec qui il entretient

les liens de parenté, il se peut qu'Allah lui ouvre [le cœur à l'islam]. [33]

18/ COMPORTEMENT À AVOIR AVEC UN PROCHE NON-MUSULMAN :

Question :

Que doit faire la personne ayant un frère, une sœur ou un fils qui n'est pas musulman ?

Réponse du comité permanent de l'Ifta :

Elle appelle à l'islam celui qui n'est pas musulman parmi ses proches ou autres, leur montre la beauté de la religion, la grandeur de sa législation et de ses préceptes, et leur dit que rien ne sera accepté au jour de la résurrection, en dehors de cette religion.

Il se peut qu'Allah les guide et qu'elle en soit la cause ; comme le dit Allah ☀ dans Son Livre explicite :

---

[33] Fatawa Nour 'ala Ad-Darb (271).

﴿ادْعُ إِلَى سَبِيلِ رَبِّكَ بِالْحِكْمَةِ وَالْمَوْعِظَةِ الْحَسَنَةِ وَجَادِلْهُم بِالَّتِي هِيَ أَحْسَنُ﴾

[سورة النّحل – 125]

Sens rapproché du verset :
{« Par la sagesse et la bonne exhortation appelle (les gens)
au sentier de ton Seigneur. Et discute avec eux de la
meilleure façon. »}
[Sourate An-Nahl (Les abeilles) – verset 125]

Et Sa Parole ﷻ:

﴿وَأَنذِرْ عَشِيرَتَكَ الْأَقْرَبِينَ﴾

[سورة الشعراء – 214]

Sens rapproché du verset :
« Et avertis les gens qui te sont les plus proches. »
[Sourate Ash-Shu'ara (Les poètes) – verset 214]

Ainsi que la parole du Prophète ﷺ : « *Quiconque a indiqué un
bien, aura la même récompense que celui qui l'a pratiqué.* » [34]

Qu'Allah nous accorde et t'accorde Son agrément. Qu'Allah
nous accorde la réussite et que la Salat et le Salam soient sur
notre prophète Mohammad, sa famille et ses compagnons. [35]

---

[34] Rapporté par Muslim (1893).
[35] Fatawa al-ladjna ad-daima (6872).

19/ DONNER LA ZAKAT AUX PROCHES MUSULMANS :

Question :

As-salâmou 'alaykoum wa rahmatouLlâhi wa barakâtouh. J'espère que vous me serez utile. Est-il permis de verser la Zakat aux proches parents, sachant qu'il existe dans la région une association islamique chargée de collecter la Zakat ? Merci.

Réponse de shaykh Ibn Utheymine رحمه الله :

Le versement de la Zakat aux proches parents, s'ils font partie de ceux qui ont le droit de percevoir la Zakat, est préférable au fait de la donner à d'autres personnes.

En effet, le fait de s'en acquitter auprès des proches parents aura pour conséquence d'être à la fois une aumône, mais permettra également d'entretenir les liens de parenté.

Cependant, si ces proches parents sont parmi ceux que la personne – c'est-à-dire celle qui s'acquitte de la Zakat - doit obligatoirement entretenir, et s'il a les moyens de leur donner de l'argent, alors il ne lui est pas permis de leur verser la Zakat dans ce cas, car cela représenterait une économie réalisée sur son argent dans la mesure où il aura cette somme en moins [la somme qu'il leur a versée en Zakat] à s'acquitter sur ce qu'il doit normalement leur verser en dépenses d'entretien.

Mais si ses finances ne lui permettent pas de leur venir en aide, dans ce cas il ne lui est pas obligatoire de les entretenir, et il lui est permis de leur verser sa Zakat pour les aider à subvenir à leurs besoins.

De même, il lui est permis de régler les dettes de sa proche famille par l'intermédiaire de sa Zakat, et ce même s'il s'agit de ses parents, de ses enfants, de ses frères et sœurs de sang ou des autres membres de sa famille.

Il a effectivement le droit dans tous les cas de régler leurs dettes à partir de sa Zakat. [36] [37]

---

[36] Pour connaitre le jugement de donner la Zakat au non-musulman en général, voir la question 40.
[37] Fatawa Nour 'ala Ad-Darb.

20/ HÉRITAGE ENTRE LE MUSULMAN ET LE NON-MUSULMAN :

Question :

Est-il permis que le musulman hérite du mécréant dans un pays non-musulman, puis qu'il distribue cet héritage dans l'intérêt des musulmans ?

Réponse de shaykh Al-Fawzan حفظه الله :

Non, le Prophète ﷺ a dit dans le hadith authentique, le hadith d'Oussama Ibn Zayd « *Le mécréant n'hérite pas du musulman, et le musulman [n'hérite pas] du mécréant* »[38]. Il n'y a pas d'héritage entre les partisans de l'islam et les partisans de la mécréance, ni entre les deux religions, juive et chrétienne, ils ne s'héritent pas entre eux. Ils ne s'héritent pas entre deux religions différentes. C'est ce qu'ils appellent dans les devoirs obligatoires « l'héritage des gens de désintérêt », le jugement de l'héritage des gens de désintérêt.[39] [40]

---

[38] Rapporté par Al-Boukhari (6764) et Muslim (1614).

[39] Il s'agit du jugement général, mais il est arrivé que les savants l'autorisent en certaines situations. C'est pourquoi nous invitons toute personne concernée à évoquer sa situation personnelle auprès d'un savant.

[40] Séances de questions-réponses ayant suivies l'explication du livre « 'al-'omda fi al fiqh » (1772).

RELATION AVEC LES NON-MUSULMANS

21/ QUI SONT LES GENS DU LIVRE ?

Question :

Qui sont les gens du Livre ?

Réponse de shaykh Ibn Baz رحمه الله :

Au nom d'Allah Le Tout-Miséricordieux, Le Très-Miséricordieux. La Louange appartient à Allah. Et que la Salat et le Salam soient sur le Messager d'Allah ainsi que sa famille, ses compagnons, et ceux qui ont suivi sa guidée.

Ceci dit ; les gens du Livre sont tels qu'Allah les a décrits dans Son Livre et sont les juifs et les chrétiens. Ils ont été appelés gens du Livre car Allah a fait descendre deux Livres, aux enfants d'Israël, le premier sur Moussa et il s'agit de la Torah, et le deuxième sur 'Issa et c'est l'Évangile. C'est pourquoi ils sont appelés les gens du Livre. Et on les appelle [également] les gens des deux Livres.

Ils ont des règles qui les caractérisent différentes de celles des autres polythéistes. Et on les rassemble avec les autres mécréants sous l'appellation de « mécréance » et « polythéisme ». Ils sont ainsi des mécréants et polythéistes comme les adorateurs d'idoles, les adorateurs d'étoiles, les adorateurs des astres et l'ensemble des infidèles athées.

Mais ils ont des spécificités par le fait qu'ils aient reçu ces deux Livres par leurs prophètes passés, par Moussa et Haroun (Aaron), et par 'Issa ﷺ. Et Allah a établi les concernant des dispositions spécifiques parmi lesquelles : la licéité de leurs sacrifices qui n'ont pas été sacrifiés pour autre qu'Allah, s'ils n'ont pas mentionné sur eux autre que le nom d'Allah, et rien ne s'y trouve de ce qui les rend interdits. Alors ceci nous est licite, comme a dit Allah ﷺ :

﴿وَطَعَامُ الَّذِينَ أُوتُوا الْكِتَابَ حِلٌّ لَّكُمْ وَطَعَامُكُمْ حِلٌّ لَّهُمْ﴾

[سورة المائدة - 5]

Sens rapproché du verset :
{(…) Vous est permise la nourriture des gens du Livre, et votre propre nourriture leur est permise. (…)}
[Sourate Al-Mâ'ida (La table servie) - verset 5]

De même, leurs femmes nous sont licites [pour le mariage], la vertueuse chaste et libre, comme a dit Allah ﷻ :

﴿وَالْمُحْصَنَاتُ مِنَ الَّذِينَ أُوتُوا الْكِتَابَ مِن قَبْلِكُمْ﴾

[سورة المائدة - 5]

Sens rapproché du verset :
{« (…) et les femmes vertueuses d'entre les gens qui ont reçu le Livre avant vous (…) »}
[Sourate Al-Mâ'ida (La table servie) - verset 5]

Voici donc deux règles qui concernent les gens du Livre : la licéité [du mariage] avec les femmes chastes parmi elles, et la licéité de leurs sacrifices qui n'ont pas été sacrifiés pour autre qu'Allah, sur lesquels n'a pas été prononcé autre nom qu'Allah, et qui n'ont pas été abattus d'une manière contraire à la législation d'Allah. En ce qui concerne le reste des polythéistes, leurs sacrifices et femmes ne nous sont pas licites.

Et il y a ici un troisième point qui concerne le fait de prendre l'impôt (jizia). Il leur est également prélevé, et il s'agit de [la somme] d'argent qui est imposée chaque année à leurs hommes qui en sont capables[41]. Et ils partagent ce jugement avec les païens qui adorent le feu, car le Messager ﷺ l'a prélevé sur eux, tout comme il l'a prélevé des gens du Livre.

---

[41] Cela est valable lorsque l'endroit est gouverné par la législation de l'islam.

Ces trois règles sont spécifiques aux gens du Livre, hormis la dernière règle, la troisième, qui est le prélèvement de la jizia qu'ils partagent avec les païens.

Certains savants [en religion] ont penché pour le fait de prélever la jizia sur d'autres que ceux-ci, avec une divergence connue entre les savants, concernant le fait de la prélever sur les adorateurs des idoles, les adorateurs des astres, ainsi que d'autres polythéistes. Mais l'opinion bien connue de la majorité des savants est que la jizia n'est prélevée que s'agissant des deux [considérés comme les] gens du Livre, et les païens. [42]

22/ SALUER LE NON-MUSULMAN :

Question :

Quel est le jugement concernant le fait de saluer les non-musulmans ?

---

[42] Fatwa n°7598 publiée sur le site officiel de shaykh Ibn Baz رحمه الله.

Réponse de shaykh Ibn Utheymine رحمه الله :

Le fait de saluer en premier le non-musulman est prohibé et n'est pas permis car le Prophète ﷺ a dit : « *ne précédez pas les juifs et les chrétiens par le salam, et si vous les rencontrez sur le chemin alors acculez-les à sa partie la plus étroite* »[43]. Mais s'ils ont salué (en premier) alors il nous est obligatoire de leur répondre en raison de la généralité de La Parole d'Allah ﷻ :

$$\text{﴿وَإِذَا حُيِّيتُم بِتَحِيَّةٍ فَحَيُّوا بِأَحْسَنَ مِنْهَا أَوْ رُدُّوهَا ۗ إِنَّ اللَّهَ كَانَ عَلَىٰ كُلِّ شَيْءٍ حَسِيبًا﴾}$$

[سورة النساء - 86]

Sens rapproché du verset :
{Si on vous fait une salutation, saluez d'une façon meilleure ; ou bien rendez-la (simplement). Certes, Allah tient compte de tout.}
[Sourate An-Nissa (Les femmes) – verset 86]

Les juifs saluaient le Prophète ﷺ et disaient : « as-sam 'alayk ô Mohammed », « sam » dans le sens de la mort. Ils invoquaient la mort sur le Prophète ﷺ. Alors le Prophète ﷺ a dit : « *Certes les juifs disent – as-sam 'alaykoum -, alors s'ils vous saluent dites - wa 'alaykoum -* »[44]

---

[43] Rapporté par Muslim (1475).
[44] Rapporté par Al-Boukhari (5902) et Mouslim (2461).

73

Ainsi, si le non-musulman salue le musulman en disant « as-sam 'alaykoum » alors nous disons « wa 'alaykoum ». Et dans sa parole ﷺ « *wa 'alaykoum* » il y a la preuve que s'ils disent « as-salamou 'alaykoum » alors nous leur disons « wa 'alaykoum as-salam », donc nous leur répondons en fonction de ce qu'ils disent.

C'est pour cela que certains parmi les gens de science ont dit : si les juifs, les chrétiens, ou d'autres non-musulmans ont dit de manière explicite « as-salamou 'alaykoum » il est permis que nous disions « wa 'alaykoum as-salam ».

Il n'est également pas permis d'effectuer des salutations en premier telles que « bienvenue » et ce qui s'y apparente, car il y a en cela le fait de les honorer, et de les glorifier. Mais s'ils nous disent une parole similaire alors nous leur répondons de la même manière, car l'islam est venu avec la justice, et le fait de donner à chacun ses droits.

Cependant, il est bien connu que les musulmans occupent une position et un rang plus élevés auprès d'Allah, il ne faut donc pas qu'ils ne se rabaissent par rapport aux non-musulmans en les saluant en premier. [45]

---

[45] Madjmou' Al-Fatawa (tome 1, chapitre al-wala wa al-bara).

23/ VISITER LE NON-MUSULMAN MALADE :

Question :

Est-il légiféré d'assister le non-musulman mourant et de lui faire attester les deux attestations ?

Réponse de shaykh Ibn Baz رحمه الله :

Ceci est légiféré si c'est possible, et le Prophète ﷺ avait un serviteur juif qui est tombé malade, alors le Prophète ﷺ est allé à lui afin de le visiter, lui a fait attester les deux attestations et lui dit : « *Dis : J'atteste qu'il n'y a d'autre divinité digne d'être adorée en vérité en dehors d'Allah et que Mohammed est le messager d'Allah[46]* ». Le juif a alors regardé vers son père, qui lui dit « Obéis à Aba Al-Qassim[47] ». Alors il la prononça, et le Prophète ﷺ dit « *Louange à Allah qui l'a sauvé, par ma cause, du feu* ». [48] [49]

---

[46] L'attestation pour embrasser l'islam.
[47] C'est l'une des kouniya - technonyme - du Prophète ﷺ.
[48] Rapporté par Al-Boukhari (1356).
[49] Madjmou' Al-Fatawa (13/94).

24/ PARTICIPER AUX FÊTES DES NON-MUSULMANS :

Question :

Certains musulmans se joignent aux chrétiens dans leurs fêtes. Quel est votre conseil [à ce sujet] ?

Réponse de shaykh Ibn Baz رحمه الله :

Il n'est permis ni au musulman ni à la musulmane de participer aux fêtes des chrétiens, des juifs ou d'autres mécréants, et il est au contraire obligatoire de délaisser cela, car quiconque imite un peuple en fait partie. Le Prophète ﷺ nous a mis en garde contre le fait de les imiter, et d'adopter leurs mœurs.

Donc, le croyant et la croyante doivent y prêter attention. Et il ne leur est pas permis de les aider en cela de quelque manière que ce soit. Car il s'agit de fêtes contraires à la législation [de l'islam], alors il n'est pas permis d'y participer, ni d'assister ses partisans, ni de leur apporter quelque aide que ce soit : ni thé, ni café, ni rien d'autres que cela, comme des ustensiles et autres. Car Allah ﷻ dit :

﴿وَتَعَاوَنُوا عَلَى الْبِرِّ وَالتَّقْوَىٰ ۖ وَلَا تَعَاوَنُوا عَلَى الْإِثْمِ وَالْعُدْوَانِ ۚ وَاتَّقُوا اللَّهَ ۖ إِنَّ اللَّهَ شَدِيدُ الْعِقَابِ﴾

[سورة المائدة - 2]

76

Sens rapproché du verset :
{Entraidez-vous dans l'accomplissement des bonnes œuvres et de la piété et ne vous entraidez pas dans le péché et la transgression. Et craignez Allah, car certes Allah est dur en punition !}
[Sourate Al-Mâ'ida (La table servie) - verset 2]

En conséquence, la participation à la fête des mécréants est une sorte d'entraide dans le péché et la transgression. [50]

25/ LA NOURRITURE DES FÊTES NON-MUSULMANES :

Question :

Dans certains pays non-musulmans, lorsqu'ils célèbrent leurs fêtes, ils préparent de la nourriture, puis offrent cette nourriture aux musulmans. Est-ce qu'il nous est permis de manger de cette nourriture ?

---

[50] Madjmou' Al-Fatawa (6/508).

Réponse de shaykh Al-Fawzan حفظه الله :

Non, parce que cela a été préparé pour la fête des mécréants, et toi si tu en manges, tu es [ainsi] en adéquation avec eux et tu les encourages en cela. [51]

26/ MANGER DE LA VIANDE DES GENS DU LIVRE :

Question :

Est-il permis de manger [de la viande émanant] des sacrifices effectués par les chrétiens en cette période actuelle ? Tout en sachant qu'il existe une pluralité de méthodes d'abattages chez eux tels que l'utilisation des machines et des produits sédatifs lors du processus d'abattage ?

---

[51] Question numéro 1737 parmi les questions-réponses ayant suivi le cours sur l'explication du livre de shaykh Ibn Taymiya qu'Allah lui fasse miséricorde « Qa'ida al-jalila fi at-tawasoul et al-wasila ».

Réponse de shaykh Ibn Baz رحمه الله :

Il est permis de manger leurs sacrifices tant qu'on n'a pas connaissance que [l'animal] ait été abattu d'une manière non conforme à la législation [de l'islam], en raison de la Parole d'Allah ﷻ :

﴾وَطَعَامُ الَّذِينَ أُوتُوا الْكِتَابَ حِلٌّ لَّكُمْ وَطَعَامُكُمْ حِلٌّ لَّهُمْ﴿

[سورة المائدة - 5]

Sens rapproché du verset :
{(...) Vous est permise la nourriture des gens du Livre, et votre propre nourriture leur est permise. (...)}
[Sourate Al-Mâ'ida (La table servie) - verset 5] [52]

---

[52] Madjmou' al fatawa (5/396).

27/ <u>MANGER DE LA VIANDE SURGELÉE DES NON-MUSULMANS</u> :

Question :

Il se vend dans les pays occidentaux des viandes surgelées et réfrigérées, et on ne sait pas qui les a abattues, ni de quelle manière, alors devrions-nous en manger ?

Réponse de shaykh Ibn Baz رحمه الله :

Si dans la région dans laquelle il y a le type de viande mentionné, il n'y a que des gens du Livre parmi les juifs et les chrétiens, alors leurs sacrifices sont licites, même si on ne sait pas de quelle manière ils les ont abattus, car la base est la licéité de leurs abattages conformément à la Parole d'Allah ﷻ :

$$\langle\text{وَطَعَامُ الَّذِينَ أُوتُوا الْكِتَابَ حِلٌّ لَّكُمْ وَطَعَامُكُمْ حِلٌّ لَّهُمْ}\rangle$$

[سورة المائدة - 5]

Sens rapproché du verset :
{(…) Vous est permise la nourriture des gens du Livre, et votre propre nourriture leur est permise (…)}
[Sourate Al-Mâ'ida (La table servie) - verset 5]

En revanche, s'il se trouve dans la région d'autres non-musulmans qu'eux alors n'en mangez pas, en raison de la suspicion [existante] entre la licéité et l'interdit.

De la même façon, si vous avez connaissance que ceux qui vendent ces viandes les abattent d'une manière différente de celle légiférée, comme l'étranglement ou l'électrocution, alors n'en mangez pas, que celui qui abat soit musulman ou mécréant, compte tenu de la Parole d'Allah ﷻ :

$$\{حُرِّمَتْ عَلَيْكُمُ الْمَيْتَةُ وَالدَّمُ وَلَحْمُ الْخِنْزِيرِ وَمَا أُهِلَّ لِغَيْرِ اللَّهِ بِهِ وَالْمُنْخَنِقَةُ وَالْمَوْقُوذَةُ وَالْمُتَرَدِّيَةُ وَالنَّطِيحَةُ وَمَا أَكَلَ السَّبُعُ إِلَّا مَا ذَكَّيْتُمْ\}$$

[سورة المائدة - 3]

Sens rapproché du verset :
{Vous sont interdits la bête trouvée morte, le sang, la chair de porc, ce sur quoi on a invoqué un autre nom que celui d'Allah, la bête étouffée, la bête assommée ou morte d'une chute ou morte d'un coup de corne, et celle qu'une bête féroce a dévorée - sauf celle que vous égorgez avant qu'elle ne soit morte - (…)}
[Sourate Al-Mâ'ida (La table servie) – verset 3]

Qu'Allah permette aux musulmans de comprendre la religion, Il est certes L'Entendant, bien proche. [53]

---

[53] Madjmou' al fatawa (23/20).

28/ <u>POURQUOI LA VIANDE DE PORC EST INTERDITE</u> :

Question :

Quelle est la sagesse dans l'interdiction de la viande de porc ? J'espère bénéficier [de votre réponse].

Réponse de shaykh Ibn Utheymine رحمه الله :

La sagesse dans l'interdiction de la viande de porc est qu'elle est une souillure, c'est-à-dire impure. Lorsqu'Allah ﷻ a dit :

﴿قُل لَّا أَجِدُ فِى مَا أُوحِىَ إِلَىَّ مُحَرَّمًا عَلَى طَاعِمٍ يَطْعَمُهُ إِلَّا أَن يَكُونَ مَيْتَةً أَوْ دَمًا مَّسْفُوحًا أَوْ لَحْمَ خِنزِيرٍ فَإِنَّهُ رِجْسٌ﴾

[سورة الأنعام - 145]

Sens rapproché du verset :
{Dis : « Dans ce qui m'a été révélé, je ne trouve d'interdit, à aucun mangeur d'en manger, que la bête (trouvée) morte, ou le sang qu'on a fait couler, ou la chair de porc - car c'est une souillure - (…)}
[Sourate Al-An'am (Les Bestiaux) - verset 145]

La souillure, c'est la mauvaise impureté. Et c'est cela la sagesse dans l'interdiction de la viande de porc. C'est pour cela que les impurs parmi les mécréants l'ont rendue licite aux juifs, aux chrétiens et aux autres. Car la sagesse d'Allah a impliqué que les mauvais soient aux mauvaises, et les mauvaises aux mauvais. [54]

29/ DONNER DE LA VIANDE DU SACRIFICE AU NON-MUSULMAN :

Question :

Est-il permis de donner de la viande du sacrifice de l'Aïd au non-musulman ?

Réponse de shaykh Ibn Utheymine رحمه الله :

Si le non-musulman [en question] fait partie de ceux à qui on peut faire un don [en général] alors on lui donne de la

---

[54] Fatawa Nour 'ala Ad-Darb (283).

viande de sacrifice de l'Aïd, mais s'il fait partie de ceux à qui il n'est pas permis de faire un don [en général] alors il n'est pas permis de lui donner de la viande de sacrifice de l'Aïd ni autre qu'elle. La balance correspondant à cela est la Parole d'Allah ﷻ :

﴿لَّا يَنْهَاكُمُ اللَّهُ عَنِ الَّذِينَ لَمْ يُقَاتِلُوكُمْ فِي الدِّينِ وَلَمْ يُخْرِجُوكُم مِّن دِيَارِكُمْ﴾
[سورة الممتحنة - 8]

Sens rapproché du verset :
{Allah ne vous défend pas d'être bienfaisants et équitables envers ceux qui ne vous ont pas combattus pour la religion et ne vous ont pas chassés de vos demeures (…)}
[Sourate Al-Mumtahana (L'Éprouvée) - verset 8]

C'est-à-dire qu'il ne vous défend pas d'être bienfaisants envers eux, mais au contraire vous devez être équitables à leur égard,

﴿إِنَّ اللَّهَ يُحِبُّ الْمُقْسِطِينَ﴾
[سورة الممتحنة - 8]

Sens rapproché du verset :
{(…) Car Allah aime les équitables.}
[Sourate Al-Mumtahana (L'Éprouvée) - verset 8 (fin)]

﴿إِنَّمَا يَنْهَاكُمُ اللَّهُ عَنِ الَّذِينَ قَاتَلُوكُمْ فِي الدِّينِ وَأَخْرَجُوكُم مِّن دِيَارِكُمْ وَظَاهَرُوا عَلَى إِخْرَاجِكُمْ أَن تَوَلَّوْهُمْ وَمَن يَتَوَلَّهُمْ فَأُولَٰئِكَ هُمُ الظَّالِمُونَ﴾

[سورة الممتحنة - 9]

Sens rapproché du verset :
{Allah vous défend seulement de prendre pour alliés ceux qui vous ont combattus pour la religion, chassés de vos demeures et ont aidé à votre expulsion. Et ceux qui les prennent pour alliés sont les injustes.}
[Sourate Al-Mumtahana (L'Éprouvée) - verset 9]

Donc si le non-musulman fait partie des communautés qui ne montrent pas d'hostilité envers les musulmans, ne les tuent pas, et ne les font pas sortir de leurs maisons, alors il n'y a pas de mal à leur offrir de la viande du sacrifice de l'Aïd ou autre que cela. Mais si c'est le contraire, alors Allah ﷻ dit :

﴿إِنَّمَا يَنْهَاكُمُ اللَّهُ عَنِ الَّذِينَ قَاتَلُوكُمْ فِي الدِّينِ وَأَخْرَجُوكُم مِّن دِيَارِكُمْ وَظَاهَرُوا عَلَى إِخْرَاجِكُمْ﴾

[سورة الممتحنة - 9]

Sens rapproché du verset
{Allah vous défend seulement de prendre pour alliés ceux qui vous ont combattus pour la religion, chassés de vos demeures et ont aidé à votre expulsion (…)}
[Sourate Al-Mumtahana (L'Éprouvée) - verset 9]

85

C'est-à-dire qu'ils ont aidé à ce que vous soyez expulsés, Il vous défend [donc] de les prendre pour alliés de quelque alliance que ce soit. [55]

30/ MANGER DES OFFRANDES DES NON-MUSULMANS :

Question :

Honorable savant, j'ai un voisin non-musulman, et lors de certaines occasions il lui arrive de m'envoyer de la nourriture et des gâteaux. M'est-il permis d'en manger et que mes enfants en mangent ?

Réponse de shaykh Ibn Utheymine رحمه الله :

Oui, il t'est permis de manger de l'offrande d'un non-musulman si tu le considères comme sûr. Car le Prophète ﷺ a accepté l'offrande de la femme juive qui lui a offert un mouton, et a également accepté l'invitation du juif qui l'a

---

[55] Fatawa Nour 'ala Ad-Darb (275).

invité dans sa maison, et il ﷺ a mangé avec lui. Il n'y a donc rien de mal à accepter l'offrande des non-musulmans, ni à manger chez eux, mais à condition qu'ils soient [considérés comme] « sûrs ». Si on a une appréhension les concernant, alors on n'accepte pas leurs invitations. De même, il est conditionné que l'occasion ne soit pas un événement religieux comme l'anniversaire et ce qui s'y apparente. Dans tous les cas, on n'accepte pas les offrandes faites en ces occasions. [56]

31/ TRANSACTIONS COMMERCIALES AVEC LES NON-MUSULMANS :

Question :

Ceux qui vivent dans des pays de mécréance, aux Etats-Unis et en Angleterre, effectuent des transactions avec les non-musulmans. Je ne connais pas le jugement à ce sujet...

---

[56] Fatawa Nour 'ala Ad-Darb (248).

Réponse de shaykh Ibn Baz رحمه الله :

Le Prophète ﷺ est mort alors que son bouclier était hypothéqué chez un juif. Et ce qui est interdit est l'alliance. Quant à l'achat et la vente, il n'y a rien [de mal] en cela.

Le Prophète ﷺ acheta des moutons à un idolâtre, et les distribua aux compagnons.

Mais ce qui est interdit c'est de s'allier à eux, de les aimer et de les aider contre les musulmans. Quant au fait qu'un musulman achète et vende avec eux, ou qu'il laisse une chose chez eux, il n'y a aucun mal en cela. Le Prophète ﷺ a lui-même mangé de la nourriture des juifs, et leur nourriture nous est licite. Comme a dit Allah ﷻ :

﴿وَطَعَامُ الَّذِينَ أُوتُوا الْكِتَابَ حِلٌّ لَّكُمْ وَطَعَامُكُمْ حِلٌّ لَّهُمْ﴾

[سورة المائدة - 5]

Sens raproché du verset :
{(...) Vous est permise la nourriture des gens du Livre, et votre propre nourriture leur est permise (...)}
[Sourate Al-Mâ'ida (La table servie) - verset 5] [57]

---

[57] Madjmou' al fatawa (19/60).

32/ ASSISTER À L'ENTERREMENT DU NON-MUSULMAN :

Question :

Est-il permis à un musulman de suivre le convoi funéraire du non-musulman et inversement ?

Réponse de shaykh Ibn Utheymine رحمه الله :

Il n'est pas permis au musulman de suivre le convoi funéraire du non-musulman car le fait de suivre les enterrements est l'un des droits qu'a le musulman sur le musulman, et non l'un des droits du non-musulman sur le musulman.

Tout comme on ne salue pas en premier le non-musulman et on ne lui laisse pas le passage, comme le Prophète ﷺ a dit : « *Ne précédez pas les juifs et les chrétiens par le salam, et si vous les rencontrez sur le chemin, alors acculez-les à sa partie la plus étroite.* » [58]

Il n'est pas permis de l'honorer en suivant son enterrement, qui que soit ce non-musulman, même s'il fait partie des personnes qui te sont le plus proches.

---

[58] Rapporté par Muslim (1475).

Quant au fait qu'un non-musulman assiste à l'enterrement du musulman, alors cela nécessite un discernement de ma part, et je ne suis pas sûr de la réponse maintenant. [59]

33/ <u>ASSISTER À L'ENTERREMENT D'UN PROCHE NON-MUSULMAN PAR CRAINTE DU REPROCHE DE LA FAMILLE</u> :

Question :

Est-il permis d'assister aux funérailles du non-musulman par intérêt, par exemple si une personne n'assiste pas à l'enterrement d'un proche parmi les non-musulmans, son entourage sera énervé contre lui. En conséquence, cela lui est-il permis ?

Réponse de shaykh Al-Fawzan حفظه الله :

Ceci n'est pas permis. Il n'est pas permis au musulman de suivre le convoi funéraire du non-musulman, ou d'assister à son enterrement. Car cela entre dans l'alliance

---

[59] Fatawa Nour 'ala Ad-Darb (181).

[interdite]. Sauf dans le cas où il n'y a personne pour enterrer ce non-musulman, alors on l'enterre comme a ordonné le Prophète ﷺ d'enterrer Abou Talib. Il a ordonné à Ali d'enterrer Abou Talib, de le couvrir [de terre].

Donc s'il n'y a personne pour enterrer le non-musulman, alors le musulman se charge de l'enterrer et l'ensevelir. [60]

34/ BLÂMER L'ACTE RÉPRÉHENSIBLE D'UN NON-MUSULMAN :

Question :

Si je vois un non-musulman effectuer une mauvaise action, est-ce que je dois le blâmer ?

Réponse de shaykh Ibn Utheymine رحمه الله :

Si tu vois un non-musulman commettre une mauvaise action, ne le blâme pas pour ne pas s'être conformé aux

---

[60] Question numéro 1350 parmi les questions-réponses ayant suivi le cours sur l'explication du livre de shaykh Ibn Taymiya رحمه الله « Qa'ida al-jalila fi at-tawasoul et al-wasila ».

règles de l'islam. Mais invite-le à l'islam, invite-le à témoigner qu'il n'y a d'autre divinité digne être adorée en vérité en dehors d'Allah, et que Mohammed est le messager d'Allah, et qu'il effectue la Salat, paie la Zakat, jeûne le ramadan et accomplisse le grand pèlerinage à la Mecque.

Mais s'il est avec un peuple qui blâme cette mauvaise action, alors on le blâme [également]. Non pas parce qu'il doit adhérer aux règles de l'islam, mais plutôt il est blâmé parce qu'il a transgressé le système du pays. [61]

35/ REMERCIER LE NON-MUSULMAN :

Question :

M'est-il permis d'user de certaines politesses envers un non-musulman qui a fait une bonne action envers moi, comme [lui dire] « merci » ou « sois-tu récompensé en bien » ?

---

[61] Al-Liqâ ach-chahri (37).

Réponse de shaykh Ibn Utheymine رحمه الله :

Oui, cela est inclus dans la parole du Messager ﷺ : « *Celui qui fait une bonne action envers vous, faites-lui un bien équivalent. Si vous ne trouvez pas de quoi lui faire un bien équivalent, alors invoquez pour lui jusqu'à ce que vous constatiez que vous l'avez contenté* ». [62]

Ainsi, si un non-musulman a été bienfaisant envers toi, alors récompense-le, car ceci fait partie des bonnes mœurs de l'islam, et il se peut que cela permette de gagner son cœur, qu'il aime de ce fait les musulmans, et embrasse l'islam. [63]

36/ VOLER UN NON-MUSULMAN :

Question :

Un musulman a contracté une dette auprès d'un non-musulman, et s'est emparé injustement de son bien. Est-il permis à un musulman de s'emparer illégitimement de l'argent d'un non-musulman ?

---

[62] Rapporté par Abou Dawoud dans ses Sounan n°1672 et authentifié par shaykh Al Albani dans Sahih Abi Daoud, et dans Sahih Al Jami' 6021.
[63] Al-Liqâ ach-chahri n°30.

Réponse de shaykh Ibn Utheymine رحمه الله :

Il n'est pas permis à un musulman de s'emparer injustement de l'argent d'un non-musulman. S'il s'avère qu'il a contracté un emprunt auprès de lui, il ne doit pas récompenser cet acte de bien par un mal et retarder ou renier son droit [d'être remboursé], car le Prophète ﷺ a acheté de l'orge pour sa famille à un juif et a hypothéqué son bouclier, et il est mort alors que son bouclier était hypothéqué chez ce juif, et de ce fait sa dette a assurément été réglée.

Il faut savoir que les transactions mondaines ne sont pas des transactions religieuses. Le non-musulman est traité dans les transactions religieuses selon sa situation : on le déteste et le haït, et notre croyance à son égard est qu'il est un ennemi d'Allah, de Son Messager ﷺ et des croyants. Mais cela ne nous amène pas à le trahir dans ses biens, ni que nous prenions son argent, ou que nous le désavouions. Plutôt nous le traitons selon ce que la législation de l'islam exige en termes d'équité dans les transactions. [64]

---

[64] Fatawa Nour 'ala Ad-Darb (241).

37/ VOLER UN JUIF :

Question :

Quel est le jugement [religieux] concernant le fait de voler le juif ?

Réponse de shaykh Al-Fawzan حفظه الله :

Ça n'est pas permis ! Le vol n'est pas permis ! Qu'il s'agisse des biens du musulman ou des biens du non-musulman. Le musulman doit être digne de confiance. Il ne vole pas... Personne ! Le vol est totalement interdit. [65]

38/ ÊTRE INJUSTE AVEC LE POLYTHÉISTE :

Question :

Si je suis injuste envers le polythéiste...

---

[65] Séance de questions-réponses ayant suivies l'un des cours sur l'explication du livre Fath Al-Majid de shaykh 'Abd Ar-Rahman Ibn Hasan Al-Shaykh رحمه الله.

Shaykh Al-Fawzan حفظه الله — **qui interrompt le questionneur :**

Il n'est pas permis d'être injuste envers le polythéiste.

﴿وَلَا يَجْرِمَنَّكُمْ شَنَآنُ قَوْمٍ عَلَىٰٓ أَلَّا تَعْدِلُوا ۚ ٱعْدِلُوا هُوَ أَقْرَبُ لِلتَّقْوَىٰ﴾

[سورة المائدة - 8]

Sens rapproché du verset :
{(…) Et que la haine pour un peuple ne vous incite pas à être injuste. Pratiquez l'équité : cela est plus proche de la piété. (…)}
[Sourate Al-Mâ'ida (La table servie) - verset 8]

Et le Prophète ﷺ a dit : « *Craignez l'invocation de l'opprimé, car entre elle et Allah il n'y a pas de voile.* » [66]

Ainsi, il n'est pas permis de commettre d'injustice envers les gens, ni envers les polythéistes ni envers les autres. [67]

---

[66] Rapporté par Al-Boukhari (2448).
[67] Séance de questions-réponses ayant suivies l'un des cours sur l'explication du livre Fath Al-Majid de shaykh 'Abd Ar-Rahman Ibn Hasan Al-Shaykh رحمه الله.

39/ DONNER L'AUMÔNE AU NON-MUSULMAN :

Question :

Elle interroge concernant l'aumône envers les non-musulmans...

Réponse de shaykh Ibn Baz رحمه الله :

Donner l'aumône au non-musulman est permis s'ils ne sont pas de ceux qui nous font la guerre. Si le non-musulman n'est pas en guerre contre nous, en période de sécurité, de trêve, d'accord et ce qui s'y apparente, alors il n'y a pas de mal, en raison de la Parole d'Allah ﷺ :

$$﴿لَّا يَنْهَاكُمُ اللَّهُ عَنِ الَّذِينَ لَمْ يُقَاتِلُوكُمْ فِي الدِّينِ وَلَمْ يُخْرِجُوكُم مِّن دِيَارِكُمْ أَن تَبَرُّوهُمْ وَتُقْسِطُوا إِلَيْهِمْ ۚ إِنَّ اللَّهَ يُحِبُّ الْمُقْسِطِينَ﴾$$

[سورة الممتحنة - 8]

Sens rapproché du verset :
{Allah ne vous défend pas d'être bienfaisants et équitables envers ceux qui ne vous ont pas combattus pour la religion et ne vous ont pas chassés de vos demeures. Car Allah aime les équitables.}
[Sourate Al-Mumtahana (L'Éprouvée) - verset 8]

Églament car il a été prouvé dans les deux recueils authentiques[68] d'après Asma Bint Abi Bakr qu'Allah les agrée, « que sa mère est venue vers elle au moment du traité de Hudaybiyah, lorsque le Prophète ﷺ s'est réconcilié avec les habitants de la Mecque, elle est venue la voir à Médine lui demandant une aide, alors Asma demanda : « Ô Messager d'Allah, est-ce que j'entretiens le lien avec elle (malgré sa mécréance) ? » Le Prophète ﷺ répondit « *Entretiens le lien* ».[69] Il lui a donc ordonné d'entretenir le lien avec sa mère qui était mécréante.

En conclusion, le musulman doit entretenir le lien avec ses proches non-musulmans et même avec les non-musulmans qui ne lui sont pas proches, avec de l'argent et de la bienfaisance, s'ils ne sont pas de ceux qui nous font la guerre, en période de trêve. Mais s'ils sont en guerre contre nous, en période de guerre, non. Il n'entretient [alors] aucun lien et ne les aide aucunement. Et il n'est absolument pas permis de les aider, qu'il s'agisse d'une aide minime ou importante. [70]

---

[68] Sahih Al-Boukhari et Sahih Muslim.
[69] Rapporté par Al-Boukhari (2620) et Muslim (1003).
[70] Fatwa n°18117 publiée sur le site officiel de shaykh Ibn Baz رحمه الله.

40/ DONNER LA ZAKAT AU NON-MUSULMAN :

Question :

Est-il obligatoire de donner la Zakat aux nécessiteux parmi les musulmans ou est-ce permis également [de la donner} au non-musulman ? (...)

Réponse de shaykh Ibn Utheymine رحمه الله :

En ce qui concerne les non-musulmans, on ne leur donne pas la Zakat à moins qu'ils ne fassent partie de ceux dont les cœurs sont à gagner (à l'islam). Car il y a ceux dont les cœurs sont à gagner (à l'islam) parmi les non-musulmans à qui il est permis de verser la Zakat. [71]

---

[71] Fatawa Nour 'ala Ad-Darb (95).

41/ L'ALLIANCE ET LE DESAVEU POUR ALLAH :

Question :

Fait partie de la croyance des gens de la sounnah et du consensus, l'alliance et le désaveu. Comment appliquons-nous cette règle en cette période, et comment doit être l'alliance envers les croyants et l'inimitié envers les mécréants. Quel est le jugement concernant ceux qui contredisent cette règle, c'est-à-dire qu'ils s'allient aux mécréants et sont hostiles aux croyants ?

Réponse de shaykh Al-Fawzan حفظه الله :

Premièrement, vous devez connaître le sens de l'alliance et du désaveu, parce que certains interprètent l'alliance et le désaveu avec ignorance et pour eux tout est alliance et tout est désaveu. L'alliance [interdite] consiste en l'amour du cœur, et les assister contre les musulmans. C'est cela l'alliance aux mécréants.

Quant au fait que tu leur achètes ou leur vendes (une chose), et que tu sois bienfaisant en toute équité envers ceux qui n'ont pas d'attitude néfaste à l'encontre des musulmans,

100

cela n'est pas de l'alliance, mais entre plutôt dans les échanges d'intérêts et pas dans l'alliance et le désaveu. [72]

42/ AIMER LES MUSULMANS, LES JUIFS ET LES CHRÉTIENS :

Question :

Un musulman dit « j'aime les musulmans et j'aime aussi les juifs et les chrétiens », est-ce que son islam reste valide s'il dit cela ?

Réponse de shaykh Al-Fawzan حفظه الله :

Non, son islam n'est pas valide, car Allah ﷻ dit :

﴿يَا أَيُّهَا الَّذِينَ آمَنُوا لَا تَتَّخِذُوا الْيَهُودَ وَالنَّصَارَىٰ أَوْلِيَاءَ ۘ بَعْضُهُمْ أَوْلِيَاءُ بَعْضٍ ۚ وَمَن يَتَوَلَّهُم مِّنكُمْ فَإِنَّهُ مِنْهُمْ ۗ إِنَّ اللَّهَ لَا يَهْدِي الْقَوْمَ الظَّالِمِينَ﴾

[سورة المائدة - 51]

---

[72] Question numéro 263 parmi les questions-réponses ayant suivi le cours sur l'explication du livre de shaykh Ibn Taymiya رحمه الله « qa'ida al-jalila fi at-tawasoul et al-wasila ».

Sens rapproché du verset :

{Ô les croyants ! Ne prenez pas pour alliés les juifs et les chrétiens ; ils sont alliés les uns des autres. Et celui d'entre vous qui les prend pour alliés, devient un des leurs. Allah ne guide certes pas les gens injustes.}

[Sourate Al-Mâ'ida (La table servie) - verset 51]

S'allier à eux d'amour et les assister [contre les musulmans], il est [considéré de ce fait comme] l'un d'entre eux. La règle qui lui est appliquée, est [la même que] celle qui leur est appliquée. Pourquoi ? Parce que s'il les aime, cela signifie qu'il approuve leur religion. Il ne les aime que tant qu'il approuve leur religion, et s'il détestait leur religion, il les détesterait. Il s'agit de blasphème envers Allah. [73]

43/ <u>CÔTOYER LES NON-MUSULMANS</u> :

Question :

Je vis en Jordanie dans une maison où la plupart des habitants font partie des frères chrétiens, et je mange et

---

[73] Question numéro 1024 parmi les questions-réponses ayant suivi le cours sur l'explication du livre de shaykh Ibn Taymiya رحمه الله « Qa'ida al-jalila fi at-tawasoul et al-wasila ».

bois avec certains d'entre eux. Ainsi, est-ce que le lien que j'entretiens et ma cohabitation avec eux sont incorrects ? J'espère que le shaykh pourra m'éclairer à ce sujet.

Réponse de shaykh Ibn Utheymine رحمه الله **:**

Avant de répondre à sa question, je voudrais lui faire remarquer [une chose] qui s'est peut-être produite par sa langue de manière involontaire, à savoir sa parole « je vis avec les frères chrétiens ». Il n'y a nullement de fraternité entre musulmans et chrétiens. La fraternité est celle de la foi, comme a dit Allah ﷻ :

$$\langle\text{إِنَّمَا الْمُؤْمِنُونَ إِخْوَةٌ}\rangle$$

[سورة الحُجُرات - 10]

Sens rapproché du verset :
{Les Croyants ne sont [rien moins] que des frères}
[Sourate Al-Hujurat (Les Appartements) - verset 10]

S'il y a la proximité due à la parenté, elle est proscrite par la différence de religion. Alors comment établir la fraternité avec la différence de religion et sans la proximité due à la parenté ? Allah ﷻ a dit en ce qui concerne Nouh (Noé) et son fils, lorsque Nouh ﷺ a dit :

103

﴿رَبِّ إِنَّ ابْنِي مِنْ أَهْلِي وَإِنَّ وَعْدَكَ الْحَقُّ وَأَنتَ أَحْكَمُ الْحَاكِمِينَ (45) قَالَ يَا نُوحُ إِنَّهُ لَيْسَ مِنْ أَهْلِكَ إِنَّهُ عَمَلٌ غَيْرُ صَالِحٍ (46)﴾

[سورة هود - 45، 46]

Sens rapproché du verset :

{(…) « Ô mon Seigneur, certes mon fils est de ma famille et Ta promesse est vérité. Tu es le plus juste des juges ». (45) Il dit : « Ô Nouh, il n'est pas de ta famille car il a commis un acte infâme (…) (46)}

[Sourate Hud - versets 45 et 46]

Il n'y a donc nullement de fraternité entre le musulman et le mécréant, mais plutôt ce qui est obligatoire pour le croyant est de ne pas prendre le mécréant comme allié, comme a dit Allah ﷻ :

﴿يَا أَيُّهَا الَّذِينَ آمَنُوا لَا تَتَّخِذُوا عَدُوِّي وَعَدُوَّكُمْ أَوْلِيَاءَ تُلْقُونَ إِلَيْهِم بِالْمَوَدَّةِ وَقَدْ كَفَرُوا بِمَا جَاءَكُم مِّنَ الْحَقِّ يُخْرِجُونَ الرَّسُولَ وَإِيَّاكُمْ أَن تُؤْمِنُوا بِاللَّهِ رَبِّكُمْ إِن كُنتُمْ خَرَجْتُمْ جِهَادًا فِي سَبِيلِي وَابْتِغَاءَ مَرْضَاتِي تُسِرُّونَ إِلَيْهِم بِالْمَوَدَّةِ وَأَنَا أَعْلَمُ بِمَا أَخْفَيْتُمْ وَمَا أَعْلَنتُمْ وَمَن يَفْعَلْهُ مِنكُمْ فَقَدْ ضَلَّ سَوَاءَ السَّبِيلِ﴾

[سورة الممتحنة - 1]

Sens rapproché du verset

{Ô vous qui avez cru ! Ne prenez pas pour alliés Mon ennemi et le vôtre, leur offrant l'amitié, alors qu'ils ont nié ce qui vous est parvenu de la vérité (…)}

[Sourate Al-Mumtahana (L'Éprouvée) - verset 1]

104

Et qui sont les ennemis d'Allah ? Les ennemis d'Allah sont les mécréants. Allah ﷻ a dit :

﴾مَن كَانَ عَدُوًّا لِّلَّهِ وَمَلَائِكَتِهِ وَرُسُلِهِ وَجِبْرِيلَ وَمِيكَالَ فَإِنَّ اللَّهَ عَدُوٌّ لِّلْكَافِرِينَ﴾

[سورة البقرة - 98]

Sens rapproché du verset
{(…) « Quiconque est ennemi d'Allah, de Ses anges, de Ses messagers, de Djibril (Gabriel) et de Mikâ-il (Michaël)... [Allah sera son ennemi] car Allah est l'ennemi des infidèles ».}
[Sourate Al-Baqara (La Vache) - verset 98]

Et Il ﷻ a dit :

﴾يَا أَيُّهَا الَّذِينَ آمَنُوا لَا تَتَّخِذُوا الْيَهُودَ وَالنَّصَارَىٰ أَوْلِيَاءَ ۘ بَعْضُهُمْ أَوْلِيَاءُ بَعْضٍ ۚ وَمَن يَتَوَلَّهُم مِّنكُمْ فَإِنَّهُ مِنْهُمْ ۗ إِنَّ اللَّهَ لَا يَهْدِى الْقَوْمَ الظَّالِمِينَ﴾

[سورة المائدة - 51]

Sens rapproché du verset :
{Ô les croyants ! Ne prenez pas pour alliés les juifs et les chrétiens ; ils sont alliés les uns des autres. Et celui d'entre vous qui les prend pour alliés, devient un des leurs. Allah ne guide certes pas les gens injustes.}
[Sourate Al-Mâ'ida (La table servie) - 51]

Ainsi, il n'est pas permis au musulman de décrire le mécréant (comme étant un frère), quel que soit son type de

105

mécréance. Qu'il soit chrétien, païen ou athée, il ne lui est nullement permis de le décrire comme [étant] un frère. Il faut donc prêter attention, cher frère, à ce genre d'expression. Cela ne veut pas dire, lorsque l'on dit cela, que s'il était vraiment ton frère de parenté, sa fraternité serait reniée. Je veux dire : ses frères de parenté, ou ses frères de parenté établie, comme le fait qu'il soit pour toi un frère parmi les enfants de ta mère, ou les enfants de ton père. Mais la fraternité sera celle de la postérité entre toi et lui, et cela n'est pas du tout permis.

Quant à la réponse à la question, le devoir pour la personne est d'éviter de se mêler à des non-musulmans, il s'éloigne d'eux. Car le fait de se mélanger à eux enlève la jalousie religieuse du cœur, et il se peut qu'elle conduise à avoir de l'affection et de l'amour pour eux. Et Allah ﷺ a dit ;

﴿لَا تَجِدُ قَوْمًا يُؤْمِنُونَ بِاللَّهِ وَالْيَوْمِ الْآخِرِ يُوَادُّونَ مَنْ حَادَّ اللَّهَ وَرَسُولَهُ وَلَوْ كَانُوا آبَاءَهُمْ أَوْ أَبْنَاءَهُمْ أَوْ إِخْوَانَهُمْ أَوْ عَشِيرَتَهُمْ أُولَئِكَ كَتَبَ فِي قُلُوبِهِمُ الْإِيمَانَ وَأَيَّدَهُم بِرُوحٍ مِّنْهُ وَيُدْخِلُهُمْ جَنَّاتٍ تَجْرِي مِن تَحْتِهَا الْأَنْهَارُ خَالِدِينَ فِيهَا رَضِيَ اللَّهُ عَنْهُمْ وَرَضُوا عَنْهُ أُولَئِكَ حِزْبُ اللَّهِ أَلَا إِنَّ حِزْبَ اللَّهِ هُمُ الْمُفْلِحُونَ﴾

[سورة المجادلة - 22]

Sens rapproché du verset :
{Tu n'en trouveras pas, parmi les gens qui croient en Allah et au Jour dernier, qui prennent pour amis ceux qui s'opposent à

Allah et à Son messager, fussent-ils leur père, leur fils, leurs frères ou les gens de leur tribu. Il a prescrit la foi dans leurs cœurs et Il les a aidés de Son secours. Il les fera entrer dans des Jardins sous lesquels coulent les ruisseaux, où ils demeureront éternellement. Allah les agrée et ils L'agréent. Ceux-là sont le parti d'Allah. Le parti d'Allah est celui de ceux qui réussissent.}

[Sourate Al-Mujadala (la Discussion) - verset 22] [74]

44/ CÔTOYER LES NON-MUSULMANS :

Question :

S'il se trouve dans mon travail une non-musulmane, m'est-il obligatoire de l'inviter à l'islam ? [De sorte que] si je ne le fais pas, alors je devrai rendre des comptes le jour de la Résurrection. Ou est-ce que le prêche est réservé à certaines personne qui en sont capables ? Qu'Allah vous récompense par le meilleur.

---

[74] Fatawa Nour 'ala Ad-Darb (148).

Réponse de shaykh Ibn Utheymine رحمه الله :

Le devoir pour celui qui a un collègue de travail non-musulman est de l'inviter à l'islam, mais avec douceur et quiétude, en lui montrant le véritable islam que désire quiconque lui a été présenté. Et la norme de l'islam n'est pas les actes des musulmans, car il y a des musulmans qui effectuent des actes qui n'ont rien à voir avec l'islam, comme le mensonge et la trahison, la procrastination, pensant que ces comportements sont ceux avec lesquels est venue la religion de l'islam. Alors que l'islam est venu avec l'honnêteté, la restitution des dépôts, respecter les promesses données. Allah ﷻ a dit :

﴿يَا أَيُّهَا الَّذِينَ آمَنُوا أَوْفُوا بِالْعُقُودِ﴾

[سورة المائدة - 1]

Sens rapproché du verset :
{Ô les croyants ! Remplissez fidèlement vos engagements (...)}
[Sourate Al-Mâ'ida (La table servie) - verset 1]

Et Il ﷻ a dit :

﴿وَأَوْفُوا بِالْعَهْدِ إِنَّ الْعَهْدَ كَانَ مَسْؤُولاً﴾

[سورة الإسراء - 34]

Sens rapproché du verset :
{Et remplissez l'engagement, car on sera interrogé au sujet des engagements.}
[Sourate Al-Isra (Le voyage nocturne) – verset 34]

Mais Il ﷻ a aussi dit :

﴿لَا يَنْهَاكُمُ اللَّهُ عَنِ الَّذِينَ لَمْ يُقَاتِلُوكُمْ فِي الدِّينِ وَلَمْ يُخْرِجُوكُمْ مِنْ دِيَارِكُمْ أَنْ تَبَرُّوهُمْ وَتُقْسِطُوا إِلَيْهِمْ إِنَّ اللَّهَ يُحِبُّ الْمُقْسِطِينَ﴾

[سورة الممتحنة - 8]

Sens rapproché du verset :
{Allah ne vous défend pas d'être bienfaisants et équitables envers ceux qui ne vous ont pas combattus pour la religion et ne vous ont pas chassés de vos demeures. Car Allah aime les équitables.}
[Sourate Al-Mumtahana (L'Éprouvée) - verset 8]

Ainsi, Allah ﷻ a clairement indiqué qu'Il ne nous interdit pas de traiter avec bonté et justice ceux qui ne nous ont pas combattus sur la base religieuse et ne nous ont pas expulsés de nos maisons. Pour le moins, soyez bienfaisants et justes avec eux.

En revanche, ceux qui ont été mauvais envers leurs employés musulmans ou non-musulmans, en réalité ils ont certes été mauvais envers eux personnellement, et envers l'islam moralement. Car ils pensent que c'est cela la moralité de l'islam, alors que ça ne fait aucunement partie de l'islam.

En quintessence, ce que je réponds à cette femme est : « Appelle au sentier d'Allah, appelle à la religion d'Allah, montre à ces collègues non-musulmans les vertus de l'islam, les objectifs de l'islam et la moralité de l'islam ». Et je pense que toute personne saine d'esprit qui comprend ce qui lui est présenté, ne choisira une autre religion que l'islam, oui.[75]

45/ S'ASSOCIER AVEC UN NON-MUSULMAN DANS UNE AFFAIRE :

Question :

Est-il permis au musulman de s'associer à un non-musulman dans le commerce, l'agriculture ou d'autres types d'entreprises ?

Réponse de shaykh Ibn Utheymine رحمه الله :

On ne doit pas s'associer avec un non-musulman parce qu'il n'est pas digne de confiance. Et s'il est digne de

---

[75] Fatawa Nour 'ala Ad-Darb (306).

confiance concernant les dépôts, il ne l'est pas en ce qui concerne le travail. Il se peut qu'il s'engage dans des transactions illicites en islam alors qu'il ne le sait pas, ou il le sait mais dit qu'il n'est pas concerné. De plus, l'association avec un non-musulman implique, généralement, qu'il lui porte amour et affection, et tout cela porte atteinte à la religion de la personne. Donc il ne devrait pas s'associer avec un non-musulman dans le commerce.

Quant au fait qu'elle (l'association dans une affaire ou un commerce) soit interdite [religieusement], alors non elle n'est pas interdite. Car cela n'a pas de rapport avec le fait de soutenir la religion, à condition qu'il n'ait pas d'inclination, d'amour, ni d'affection pour lui. [76]

---

[76] Fatawa Nour 'ala Ad-Darb (111).

LE MARIAGE

46/ DIFFICULTÉS RENCONTRÉES PAR UN JEUNE :

Question :

Concernant le sujet relatif au fait de baisser le regard [devant ce qui est illicite]. Je vous informe que je suis un jeune de 20 ans et que je baisse mon regard. Cependant, durant et avant le sommeil, je me mets à avoir des pensées liées aux plaisirs charnels. Comment puis-je faire pour abandonner cette mauvaise habitude et repousser Satan, sachant que je récite du Coran avant de dormir ?

Réponse du comité permanent de l'Ifta :

Premièrement, Il vous est obligatoire de baisser le regard devant tout ce qui est illicite. Ainsi, il ne vous est pas permis de lire des revues ni de regarder des films dans lesquels on trouve des photos de femmes. Allah ﷻ a dit :

﴿قُل لِّلْمُؤْمِنِينَ يَغُضُّوا مِنْ أَبْصَارِهِمْ وَيَحْفَظُوا فُرُوجَهُمْ ۚ ذَٰلِكَ أَزْكَىٰ لَهُمْ ۚ إِنَّ اللَّهَ خَبِيرٌ بِمَا يَصْنَعُونَ﴾

[سورة النّور - 30]

Sens du verset :
{Dis aux croyants de baisser leurs regards et de garder leur chasteté. C'est plus pur pour eux.}
[Sourate An-Nour (La Lumière) - verset 30]

Allah est, certes, Parfaitement Connaisseur de ce qu'ils font.

Deuxièmement, vous devez vous marier si vous en avez la possibilité, car, le mariage aide à baisser le regard comme l'a expliqué le Prophète ﷺ dans un hadith authentique, il dit : « *Ô jeunes gens ! Quiconque parmi vous a la capacité physique et les moyens financiers nécessaires au mariage, qu'il se marie. Certes, le mariage est plus enclin à protéger contre les regards lascifs et à préserver la chasteté. Quant à celui qui n'en possède pas les moyens, qu'il jeûne, car le jeûne le protégera contre la tentation.* » [77]

Qu'Allah vous accorde la réussite et que la Salat et le Salam soient sur notre prophète Mohammed, ainsi que sur sa famille et ses compagnons. [78]

---

[77] Rapporté par Al-Boukhari (1905) et Muslim (1400).
[78] Fatawa al-ladjna ad-daima (14704).

47/ CONCERNANT L'ÉPOUX NON-MUSULMAN :

Question :

Un homme a des sœurs qui ont épousé des non-musulmans. Lorsqu'il a été guidé [à l'islam], il a voulu leur prêcher le monothéisme, et ses sœurs ont répondu à cet appel, mais pas leurs époux. En conséquence, est-ce qu'il faut que ses sœurs se séparent de leurs maris, ou que doivent-elles faire ?

Réponse de shaykh Ibn Baz رحمه الله :

Si elles sont musulmanes, alors leur mariage est caduc. Et il lui est obligatoire de séparer ses sœurs de leurs maris. S'il se trouve dans un pays musulman, leur gouverneur doit les séparer de leurs maris non-musulmans.

Mais si parmi elles se trouvent des non-musulmanes juives, chrétiennes ou idolâtres, alors leurs mariages sont valides. Si elles embrassent l'islam, il leur est interdit de rester alors qu'ils ne sont pas musulmans en raison de la Parole d'Allah ﷻ :

$$\{لَا هُنَّ حِلٌّ لَّهُمْ وَلَا هُمْ يَحِلُّونَ لَهُنَّ\}$$

[سورة الممتحنة - 10]

Sens rapproché du verset :
{Elles ne sont pas licites pour eux, et ils ne sont pas licites pour elles.}
[Sourate Al-Mumtahana (L'Éprouvée) - verset 10]

Il leur incombe de se séparer de leurs maris non-musulmans, à moins que le mari ne se convertisse à l'islam durant la période de viduité, elle est alors considérée comme sa femme.

Il en est de même après la période de viduité selon l'avis le plus juste, si elle ne s'est pas remariée il peut retourner à elle, comme la fille du Prophète  Zeynab qu'Allah l'agrée, qui est retournée à son mari Abi Al 'As Ibn Rabi' après qu'il ait embrassé l'islam alors que le délai de viduité était passé.

Et que la Salat et le Salam d'Allah soient sur notre prophète Mohammed ainsi que sa famille et ses compagnons. [79]

❋   ❋   ❋

48/ LE MARIAGE D'UN MUSULMAN AVEC UNE NON-MUSULMANE :

---

[79] Madjmou' al fatawa (3/141).

Question :

Deux frères posent cette question : est-il permis au musulman ou au saoudien - je ne sais pas pourquoi [ils évoquent] le saoudien en particulier, shaykh 'Abd Al 'Aziz - de se marier avec une non-musulmane ? Qu'Allah vous récompense par mille biens.

Réponse de shaykh Ibn Baz رحمه الله **:**

Oui il est permis au musulman, qu'il soit saoudien ou non, d'épouser la non-musulmane vertueuse parmi les gens du Livre, qui n'est pas connue pour se livrer à la débauche. Il s'agit de la femme libre, chaste, comme a dit Allah ﷻ dans Son Immense Livre :

﴿الْيَوْمَ أُحِلَّ لَكُمُ الطَّيِّبَاتُ وَطَعَامُ الَّذِينَ أُوتُوا الْكِتَابَ حِلٌّ لَّكُمْ وَطَعَامُكُمْ حِلٌّ لَّهُمْ وَالْمُحْصَنَاتُ مِنَ الْمُؤْمِنَاتِ وَالْمُحْصَنَاتُ مِنَ الَّذِينَ أُوتُوا الْكِتَابَ مِن قَبْلِكُمْ إِذَا آتَيْتُمُوهُنَّ أُجُورَهُنَّ مُحْصِنِينَ غَيْرَ مُسَافِحِينَ وَلَا مُتَّخِذِي أَخْدَانٍ﴾

[سورة المائدة - 5]

Sens rapproché du verset :

{« Vous sont permises, aujourd'hui, les bonnes choses. Vous
est permise la nourriture des gens du Livre, et votre propre
nourriture leur est permise. (Vous sont permises) les
femmes vertueuses d'entre les croyantes, et les femmes
vertueuses d'entre les gens qui ont reçu le Livre avant vous,
si vous leur donnez-leur mahr, avec contrat de mariage,
non en débauchés ni en preneurs d'amantes. (…) »}
[Sourate Al-Mâ'ida (La table servie) - verset 5]

Ainsi, les vertueuses parmi les gens du Livre sont les femmes
libres et chastes. Il est donc permis au musulman d'épouser
une femme vertueuse parmi les juives et chrétiennes.

Toutefois, la délaisser est prioritaire et préférable en se
suffisant des musulmanes. Car le fait d'épouser [la non-
musulmane] peut conduire le mari vers sa religion [à elle], et
peut conduire ses enfants vers la religion chrétienne ou juive.
C'est pour cela qu'un groupe parmi les compagnons du
Prophète ﷺ l'ont réprouvé, et craignaient que cela n'arrive.

Autrement, elles sont licites (au mariage) selon les textes du
Noble Coran, si ce sont des femmes vertueuses, chastes,
connues pour rester à l'écart de la débauche et de la
fornication, et libres non-esclaves. Ainsi, le musulman peut
l'épouser, même s'il avait la possibilité d'épouser une
musulmane.

Mais qu'il épouse une musulmane est prioritaire et préférable, plus sûr, et plus éloigné de l'épreuve pour lui et ses enfants.

En revanche, concernant celles qui ne font pas partie des gens du Livre, alors [dans ce cas] non. Telles que les athées parmi les communistes, ou les adorateurs des idoles comme les païens, et leurs semblables, ou celles qui s'y apparentent parmi les différentes mécréances. En ce qui les concerne, il n'est pas permis d'épouser leurs femmes. Cela (la permission de les épouser) est propre aux gens du Livre, les juives et les chrétiennes.

Mais [concernant] le reste des mécréantes, il n'est pas permis au musulman d'épouser l'une d'entre elles.

Le présentateur : Qu'Allah vous récompense par le meilleur. Et le décret, comme votre Éminence l'avez mentionné, est la permission, et La Louange appartient à Allah. Mais est-ce que cette femme des gens du Livre doit remplir certaines conditions spécifiques, ou le décret est général ?

Shaykh Ibn Baz : Comme la Parole d'Allah ﷻ :

﴿مُحْصَنَاتٍ غَيْرَ مُسَافِحَاتٍ﴾

[سورة النساء - 25]

118

Sens rapproché du verset :
{« (…) vertueuses et non pas livrées à la débauche »}
[Sourate An-Nisa (Les femmes) - verset 25]

Elle ne doit pas être fornicatrice, elle doit être connue pour se dissimuler et se tenir à l'écart de la débauche. En revanche s'il s'agit de fornicatrice, débauchée, alors on ne l'épouse pas, qu'il s'agisse d'une musulmane ou une mécréante. Mais il l'épouse s'il s'est assuré de sa situation et qu'il s'agisse d'une vertueuse c'est-à-dire chaste. S'il a confirmé son état, par le témoignage de ceux qui la connaissent, alors il l'épouse.

Malgré tout cela, le fait de la délaisser est préférable, même s'il s'agit d'une vertueuse, et même si elle est chaste. Le fait de la délaisser est prioritaire et préférable, car cela est plus sûr pour sa religion. En effet, son amour pour elle peut le conduire à embrasser sa religion, ou être négligent quant à sa religion à lui. Il se peut qu'il pousse aussi ses enfants à être comme leur mère sur la chrétienté ou le judaïsme. Et il se peut également qu'il la divorce et qu'elle parte avec ses enfants vers son pays et son clan. La conclusion est qu'il y a un danger en cela, comme l'ont dit les compagnons qu'Allah soit satisfait d'eux.

Le présentateur : En ce qui concerne sa religion, shaykh 'Abd Al 'Aziz ?

Shaykh Ibn Baz : Sa religion est l'infidélité.

Le présentateur : Infidélité ?

Shaykh Ibn Baz : Oui, Allah les a appelés « infidèles » …

Le présentateur : Mais est-ce qu'il faut qu'elle soit impliquée en partie dans certaines règles de sa religion ?

Shaykh Ibn Baz : Comme a dit Allah ﷻ :

﴿لَمْ يَكُنِ الَّذِينَ كَفَرُوا مِنْ أَهْلِ الْكِتَابِ وَالْمُشْرِكِينَ﴾

[سورة البيّنة - 1]

Sens rapproché du verset :
{Les infidèles parmi les gens du Livre, ainsi que les Associateurs}
[Sourate Al-Bayyinah (La preuve) - verset 1]

Il les a appelés « infidèles ». Et le sens est qu'ils sont infidèles. Les juifs et les chrétiens sont infidèles, et les associateurs également. Mais d'une manière générale, les associateurs sont les adorateurs des idoles, et les gens du Livre sont les juifs et les chrétiens. Et il se peut que le nom d'association soit appliqué à tous, comme dans Sa Parole ﷻ :

﴿يَا أَيُّهَا الَّذِينَ آمَنُوا إِنَّمَا الْمُشْرِكُونَ نَجَسٌ فَلَا يَقْرَبُوا الْمَسْجِدَ الْحَرَامَ بَعْدَ عَامِهِمْ هَذَا﴾

[سورة التوبة - 28]

Sens rapproché du verset :
{Ô vous qui croyez ! Les associateurs ne sont qu'impureté : qu'ils ne s'approchent plus de la Mosquée sacrée, après cette année-ci (…)}
[Sourate At-tawba (Le repentir) - verset 28]

Cela s'applique aux juifs, aux chrétiens et à tous les associateurs. Ils n'ont pas le droit de s'approcher de la Mosquée Sacrée.

Mais on excepte les gens du Livre des associateurs. Il n'y a ainsi pas d'objection à épouser leurs femmes si elles sont vertueuses, connues pour l'être, même si le fait de délaisser cela est meilleur.

Et à notre époque, cela l'est encore bien plus, en raison de la faiblesse de la foi chez les hommes, l'augmentation des tentations en la période actuelle, l'abondance des causes de déviances vers les femmes, l'écoute et l'obéissance aux femmes. Tout ceci implique la prudence et accentue le danger. Donc le mieux est de la délaisser de toute façon.

Le présentateur : Qu'Allah vous récompense par le meilleur, et qu'Il fasse profiter de votre savoir. [80]

---

[80] Fatwa numéro (5232) sur le site officiel de shaykh Ibn Baz رحمه الله.

49/ AIMER SA FEMME NON-MUSULMANE :

Question :

Aimer sa femme faisant partie des gens du Livre, et aimer le fait qu'elle soit préservée de la maladie et du mal, comment cela est-il compatible avec le fait de détester sa mécréance ?

Réponse de shaykh Al-Fawzan حفظه الله :

Cela ne fait pas partie de l'amour religieux, c'est de l'amour naturel. Ça ne fait pas partie de la religion, mais c'est uniquement pour [l'union du] mariage. Tout comme il aime manger, boire et les autres besoins, ça fait partie de l'amour naturel.

Mais s'il l'aime pour sa religion, alors cela entre dans l'alliance à autre qu'Allah (qui n'est pas permise). [81]

---

[81] Question numéro 641 parmi les questions-réponses ayant suivi le cours sur l'explication du livre de shaykh Ibn Taymiya رحمه الله « Qa'ida al-jalila fi at-tawasoul et al-wasila ».

50/ L'ENFANT ISSU DU MARIAGE D'UN NON-MUSULMAN AVEC UNE MUSULMANE :

Question :

Si un chrétien épouse une musulmane et qu'ils ont un enfant, quel est le décret religieux concernant leur enfant dans la législation (de l'islam) ?

Réponse de shaykh Ibn Baz رحمه الله :

Le mariage d'un chrétien avec une musulmane est un mariage invalide. Allah ﷻ dit :

﴿وَلَا تُنكِحُوا الْمُشْرِكِينَ حَتَّىٰ يُؤْمِنُوا﴾

[سورة البقرة - 221]

Sens rapproché du verset :
{(…) Et ne donnez pas épouse aux associateurs tant qu'ils n'auront pas la foi (…)}
[Sourate Al-Baqara (La vache) – verset 221]

Il n'est donc pas permis qu'un non-musulman épouse une musulmane et Allah ﷻ dit :

﴿لَا هُنَّ حِلٌّ لَّهُمْ وَلَا هُمْ يَحِلُّونَ لَهُنَّ﴾

[سورة الممتحنة - 10]

Sens rapproché du verset :
{Elles ne sont pas licites (en tant qu'épouses) pour eux, et eux
non plus ne sont pas licites (en tant qu'époux) pour elles.}
[Sourate Al-Mumtahana (L'Éprouvée) - verset 10]

Donc s'il l'a épousée, le mariage est invalide et les enfants
sont [issus] de la fornication. Les enfants de la fornication
sont rattachés à leur mère mais ne le sont pas à lui (le père).
Ils sont affiliés à leur mère sauf s'ils [l'homme et la femme]
étaient ignorants, ils ne connaissaient pas l'islam, alors cela
a un statut [particulier]. Le mariage est invalide, et les
enfants lui sont affiliés en raison de son ignorance, s'il était
ignorant et elle également. Donc le mariage serait invalide,
mais les enfants seraient affiliés à leur père en raison de
l'ignorance, car il a copulé [avec elle] en ne sachant pas que
c'était illicite.

Mais s'il connait le jugement de l'islam (à ce sujet) et qu'elle
le connait [également], ils connaissent le jugement d'Allah
mais sont négligents et n'y prêtent pas attention, alors les
enfants sont des enfants de la fornication, ils sont affiliés à
leurs mères et ne sont pas affiliés à leurs pères. Et il (l'époux)
doit être éduqué, et on applique sur lui la punition légale
pour avoir copulé la femme musulmane sans droit [légiféré].

124

Et voilà ce qui est obligatoire lorsque cela est possible et par un état musulman.

Le présentateur : Et s'il embrasse l'islam ?

Shaykh Ibn Baz : On les sépare, et s'il se reconvertit à l'islam après cela, il y aura un nouveau mariage. Il se marie de nouveau s'il s'est reconvertit et qu'Allah l'a guidé, il se marie avec elle de nouveau. [82]

51/ LES ENFANTS DES MARIAGES AVANT LA RECONVERSION :

Question :

Les enfants des non-musulmans sont-ils [considérés comme] des enfants issus de la fornication dans la mesure où leurs pères n'ont pas établi d'actes de mariage authentiques avec leurs mères ?

---

[82] Fatwa numéro (1213) publiée sur le site officiel de shaykh Ibn Baz رحمه الله.

Réponse de shaykh Al-Fawzan حفظه الله :

Non, leurs contrats sont reconnus entre eux, et leurs enfants sont légitimes. C'est pourquoi, le Prophète ﷺ n'a pas ordonné aux non-musulmans qui se sont reconvertis de renouveler leurs actes [de mariage] et il n'a pas renié l'affiliation des enfants à eux. Allah ﷻ a dit :

$$﴿وَامْرَأَتُهُ حَمَّالَةَ الْحَطَبِ﴾$$
[سورة المسد - 4]

Sens rapproché du verset :
{de même sa femme, la porteuse de bois}
[Sourate Al-Masad (Les fibres) - verset 4]

Il l'a nommée « sa femme ». Et Il ﷻ a dit au sujet de Pharaon :

$$﴿امْرَأَتَ فِرْعَوْنَ﴾$$
[سورة التحريم - 11]

Sens rapproché du verset :
{(...) la femme de Pharaon (...)}
[Sourate At-Tahrim (l'interdiction) - verset 11]

Il l'a nommée « la femme de Pharaon » alors qu'il était mécréant. Ainsi, les actes établis entre eux sont valables et

126

leurs enfants sont considérés comme légitimes, leur lignée est prise en considération. [83]

52/ L'ENFANT ISSU D'UNE RELATION ILLICITE ENTRE UN MUSULMAN ET UNE NON-MUSULMANE :

Question :

Un jeune musulman voulait épouser une chrétienne. Il a vécu avec elle une relation sans acte de mariage, et elle est maintenant enceinte. En conséquence, quel est le devoir, de manière détaillée ? Qu'Allah vous récompense par le meilleur.

Réponse de shaykh Ibn Baz رحمه الله :

S'ils se sont tous les deux repentis auprès d'Allah ﷻ, alors il n'y a rien de mal à ce qu'il l'épouse après l'accouchement. L'enfant est affilié à sa mère, et ne lui est pas affilié [à lui] parce qu'il est issu de la fornication, et non d'un mariage.

---

[83] Question n°127 parmi les questions-réponses ayant suivi l'explication de Charh As-Sounnah de l'imam Al-Barbahari رحمه الله.

Mais s'ils ne se repentent pas tous les deux, alors il ne peut pas l'épouser.

Nous demandons à Allah de leur accorder une repentance sincère, et de guider cette femme chrétienne vers l'islam, car Il est Omniscient et bien proche. [84]

53/ APPROUVER SON ÉPOUSE NON-MUSULMANE DANS LES CHOSES ILLICITES QU'ELLE FAIT :

Question :

Si un musulman épouse une femme des gens du Livre, doit-il l'approuver dans ce qui concerne sa religion tel que manger du porc ou boire du vin, ou doit-il l'en empêcher ?

Réponse de shaykh Al-Fawzan حفظه الله :

Il ne fait pas partie de leur religion que le porc soit permis, ni que l'alcool soit licite, cela n'est pas permis et il ne doit pas la soutenir en ce sens. Et il doit l'obliger à porter le

---

[84] Madjmou' al fatawa (21/206).

voile, car elle est sa femme et il veut la préserver et l'éloigner de son avidité à l'immoralité. 85

54/ <u>LE TUTEUR DE CELLE QUI SE RECONVERTIT</u> :

Question :

Si une femme ayant embrassé l'islam est issue d'une famille non-musulmane et veut épouser un musulman, qui est son tuteur ? Et lui est-il permis de s'orienter vers un frère en Allah et d'en faire son tuteur ?

Réponse de shaykh Ibn Baz رحمه الله :

Ses proches non-musulmans ne sont pas considérés comme ses tuteurs, elle doit donc se tourner vers un frère, le désigner comme son représentant et il la marie. Si le gouvernement accepte [d'endosser] ce rôle, alors il n'y a pas de mal à ce qu'elle se tourne vers le gouvernement. 86

---

85 Question numéro 2281 parmi les questions-réponses ayant suivi charh al 'omda fi al fiqh d'Ibn Qudama Al-Maqdissi رحمه الله.

86 Cela arrive dans certains pays musulmans.

Quant aux tuteurs non-musulmans, ils n'ont aucun tutorat sur elle [en islam]. Le Prophète ﷺ a dit : « *Il n'y a pas de mariage si ce n'est avec un tuteur* »[87], et ce qui est voulu ici est le tuteur musulman. [88]

55/ LES VALEURS DU TUTEUR :

Question :

S'il lui est permis de prendre un tuteur d'elle-même, quelles sont les caractéristiques qui doivent être présentes chez le tuteur ?

Réponse de shaykh Ibn Baz رحمه الله :

Il doit être musulman, ayant les bons comportements de l'islam. [89]

---

[87] Rapporté par Ahmed et authentifié par shaykh Al-Albani dans Sahih Al Jami n°7556.
[88] Gharoutou Al-Achreta (2/220).
[89] Gharoutou Al-Achreta (2/220).

LES LIVRES SACRÉS

56/ POSSEDER ET/OU LIRE L'ÉVANGILE OU LA TORAH :

Question :

Si l'Évangile arrive entre mes mains, m'est-il permis de le lire, et si oui où puis-je le trouver à Ryadh[90] ?

Réponse de shaykh Ibn Baz رحمه الله :

Ce qui est en rapport avec l'Évangile ou la Torah par exemple, il n'est pas permis de les lire ni de les acquérir, en dehors de l'étudiant en sciences [religieuses] qui souhaite réfuter ce qu'ils contiennent comme erreurs et falsifications.

En effet, la Torah et l'Évangile ont été falsifiés et beaucoup de choses y ont été modifiés. Et une grande partie d'entre eux ont été altérés par les égarés parmi les juifs et les chrétiens.

---

[90] Capitale de l'Arabie Saoudite.

Donc ces deux Livres ne doivent pas être possédés, car il se peut qu'ils entrainent des ambiguïtés par leurs lectures. Ou il se peut qu'une chose lui prête à confusion, causant une nuisance à sa religiosité.

De son côté, l'étudiant en sciences [religieuses] qui en a besoin pour réfuter les ambiguïtés, dénoncer un mal, clarifier une vérité, ou réfuter les juifs et les chrétiens, il n'y a pas de mal en tout cela, s'il fait partie des gens de science. Il en utilise ce dont il a besoin lors de la nécessité pour réfuter un mensonge ou dénoncer un mal, comme l'ont fait de nombreux savants, qu'Allah leur fasse miséricorde.

Quant au commun des gens, ils n'en ont aucun besoin, et ils ne doivent pas les acquérir ni les solliciter quel qu'en soit le lieu, car Allah nous a enrichis, et à Lui La Louange et La Bénédiction, par Son Livre Al-'Aziz le Coran, et nous a suffis de tous les Livres précédents.

Nous n'en avons donc pas besoin, et nous devons au contraire donner de l'importance au Livre d'Allah, et méditer sur Le Livre de Notre Seigneur, qui contient la guidée. Il est rapporté du Prophète 🕌 qu'il a désapprouvé Omar quand il a vu dans ses mains quelque chose de cela, quelque chose de la Torah, et il dit 🕌 : « *Es-tu dans le doute toi, ô fils d'Al Khattab. Je vous l'ai certes apporté [le message] pur et clair. Je jure par Allah ! Si Moussa (Moïse)* 🕌 *était vivant, il n'aurait d'autre choix que de me suivre »*[91]. Cela est rapporté de lui, que la Salat et le Salam soient sur lui. Le sens est que nous n'avons aucun intérêt dans la Torah et l'Évangile, ni dans le fait de les acquérir, ni de les examiner, et à plus forte raison le commun des gens.

Les gens de science, eux, peuvent parfois en avoir en partie besoin, pour réfuter les ambiguïtés rapportées par les chrétiens et les juifs, ou par d'autres qui argumentent par la Torah et l'Évangile, ou prétendent qu'il y a dans la Torah et l'Évangile ceci et cela, l'étudiant en science souhaitant alors éclaircir la question et annihiler l'ambiguïté de celui qui l'a émise, comme le Prophète ﷺ a demandé une Torah lorsqu'il a été interpelé par les juifs en ce qui concerne la lapidation. Il l'a demandée, et ils lui ont apporté, et ils y ont trouvé le verset concernant la lapidation afin que cela lui serve de preuve contre eux.

L'essentiel est qu'il n'est pas approprié au commun des gens de les acheter, ni de les acquérir ou les examiner. Mais cela est plutôt une chose blâmable en ce qui concerne le commun des gens, et Allah a suffi et guéri par la révélation de Son Livre Al-'Aziz, le Coran, dans lequel se trouvent des informations concernant ceux qui nous ont précédés, il juge

---

[91] Rapporté par Ahmed (15546), Ad-Darimi (1/115) d'après le compagnon Djabir. Ce hadith est jugé *hassan* (bon) par shaykh Al Albani dans *Dhilâl Al-Djanna* (1/27).

entre nous, et cela est suffisant. C'est la quintessence des livres, et le meilleur des livres et La Louange appartient à Allah.

Toutefois, les gens de sciences peuvent en avoir besoin en partie, mais ils ont statut spécifique, et ils sont ceux qui ont la science à ce sujet, oui. [92]

57/ POSSEDER ET/OU LIRE L'ÉVANGILE OU LA TORAH (2)

Question :

Est-il permis au musulman de posséder l'Évangile afin de connaitre la Parole d'Allah à Ses Serviteurs et Son messager 'Issa ﷺ ?

---

[92] Fatwa 5271 publiée sur le site officiel de shaykh Ibn Baz رحمه الله.

Réponse de shaykh Ibn Utheymine رحمه الله :

Il n'est permis de posséder aucun des Livres antérieurs au Coran que ce soit l'Évangile ou la Torah ou autres, pour deux raisons.

La première : Tout ce qui y est bénéfique a certes été mentionné par Allah dans le Noble Coran.

La deuxième : Dans le Coran, il se trouve tout ce qui permet de se suffire de tous les autres livres conformément à Sa Parole ﷻ :

﴿نَزَّلَ عَلَيْكَ الْكِتَابَ بِالْحَقِّ مُصَدِّقًا لِّمَا بَيْنَ يَدَيْهِ﴾

[سورة آل عمران - 3]

Sens rapproché du verset :
{Il a fait descendre sur toi le Livre avec la vérité, confirmant les Livres descendus avant lui (…)}
[Sourate Al-Imran (La famille d'Imran) - verset 3]

Et Sa Parole ﷻ :

﴿وَأَنزَلْنَا إِلَيْكَ الْكِتَابَ بِالْحَقِّ مُصَدِّقًا لِّمَا بَيْنَ يَدَيْهِ مِنَ الْكِتَابِ وَمُهَيْمِنًا عَلَيْهِ ۖ فَاحْكُم بَيْنَهُم بِمَا أَنزَلَ اللَّهُ﴾

[سورة المائدة - 48]

135

Sens rapproché du verset :
{Et sur toi (Muhammad) Nous avons fait descendre le Livre
avec la vérité, pour confirmer le Livre qui était là avant lui
et pour prévaloir sur lui. Juge donc parmi eux d'après ce
qu'Allah a fait descendre (...)}
[Sourate Al-Mâ'ida (La table servie) - verset 48]

Ainsi, ce que les Livres antérieurs contiennent comme bien
est présent dans le Coran.

Quant au propos de celui qui a posé la question, disant qu'il
souhaite connaitre la Parole d'Allah [adressée] à Ses
Serviteurs et à Son messager 'Issa, alors ce qu'il y a de
bénéfique pour nous a certes été mentionné par Allah dans
le Coran, il n'est donc pas nécessaire de le rechercher ailleurs
[que dans le Coran]. De plus, l'Évangile présent actuellement
a été falsifié, et la preuve de cela est qu'il existe quatre
Évangiles qui se contredisent les uns les autres, et il n'y a pas
d'Évangile unique. Ainsi, on ne doit pas lui donner de crédit.

En revanche, l'étudiant en sciences [religieuses] qui a la
science [nécessaire] lui permettant de distinguer le vrai du
faux, peut l'étudier dans le but de réfuter tout ce qu'elle
contient d'erroné, et établir la preuve sur ceux qui s'en
réclament. [93]

---

[93] Fatawa arkan al-islam (340).

LA CROIX CHRÉTIENNE

58/ LA FORME DE LA CROIX INTERDITE :

Question :

Aujourd'hui, la croix est placée sur des vêtements, des meubles et autres, mais sous différentes formes dont le nombre atteint une centaine de formes, et la question est : toute forme assimilée à une croix est-elle considérée comme [étant] une croix [interdite], ou cette dernière a-t-elle une forme spécifique ?

Réponse de shaykh Al-Fawzan حفظه الله :

La croix [interdite] est connue pour être en forme d'être humain crucifié, les mains déployées, une ligne supérieure et une ligne transversale ressemblant aux membres du crucifié. C'est cela la croix [interdite]. [94]

59/ TOUT N'EST PAS CROIX INTERDITE :

Question :

Je suis passé devant un bâtiment dans l'une de nos villes, et ce bâtiment comportait des fenêtres en forme de croix, toutes les fenêtres. Il était composé de dix étages, et est exactement semblable à la conception des occidentaux dans leurs maisons.

Réponse de shaykh Ibn Utheymine رحمه الله :

Par Allah, cher frère, cela demande à ce que l'on voie cette construction. Et ça n'est pas tout ce qui est en forme de croix, qui soit forcément une croix. Sinon on aurait dit que le signe

---

[94] Question numéro 954 parmi les questions-réponses ayant suivi le cours sur l'explication du livre de shaykh Ibn Taymiya رحمه الله « Qa'ida al-jalila fi at-tawasoul et al-wasila ».

« + » est interdit, et on aurait dit que le gharb[95] avec lequel les gens tiraient leurs charrues est interdit, car il est bien connu, [composé de] deux barres transversales.

La croix a une forme spécifique. Elle a des critères qui indiquent qu'il s'agit d'une croix. Il y a donc besoin que l'on voie la construction et si tu veux emmener tes frères [en islam] en promenade afin d'arriver à cette construction, et la voir.

Le questionneur : Elle est vraiment très proche.

Shaykh: Très proche ? Très bien. [96] [97]

60/ PRIER AVEC DES VÊTEMENTS COMPORTANT UNE CROIX :

Question :

Une sœur dit qu'on lui a offert un vêtement sur lequel figure une croix, et elle a prié en ayant porté ce vêtement. Elle demande si elle doit recommencer cette prière ou si rien ne lui incombe ?

---

[95] Il s'agit d'un équipement agricole.
[96] La suite ainsi que le résultat de la visite n'ont pas été relayés.
[97] Liqâ Bab al-maftouh (199).

Réponse de shaykh Ibn Baz رحمه الله :

La prière est valide, mais elle doit délaisser ce vêtement, ou on doit abraser la croix ou la laver (afin de la faire disparaitre) à l'aide d'une chose.

Le présentateur : Il est interdit de porter le vêtement qui comporte une croix ?

Shaykh Ibn Baz : Oui (...) [98]

61/ LA MONTRE SUR LAQUELLE FIGURE UNE CROIX :

Question :

Quel est le jugement, interdit ou détesté, concernant celui qui porte une montre comportant une croix ?

Réponse de shaykh Ibn Baz رحمه الله :

Non, c'est interdit ! Ça n'est pas permis ! On cache cette croix à l'aide d'une chose, en la frottant, en y mettant quelque substance pour l'enlever, une peinture ou autre chose.

---

[98] Fatwa n°22916 publiée sur le site officiel de shaykh Ibn Baz رحمه الله.

Le présentateur : Et si elle (la croix) n'est pas [portée de manière] intentionnelle ?

Shaykh Ibn Baz : Même si ça n'est pas intentionnel ! Le Prophète ﷺ n'a laissé aucune chose comportant une croix sans la casser.

La montre comportant une croix, on doit lui ôter la croix ou mettre quelque peinture dessus afin de la camoufler. [99]

62/ JEUX POUR ENFANTS FAISANT APPARAITRE UNE CROIX :

Question :

Des jeux informatiques sont apparus dans lesquels transparait parfois la croix. Quel est votre conseil, qu'Allah vous accorde le succès ?

---

[99] Fatwa n°24122 publiée sur le site officiel de shaykh Ibn Baz رحمه الله.

Réponse de shaykh Ibn Utheymine رحمه الله :

Mon conseil est ce que j'ai mentionné il y a quelques instants, à savoir que la croix doit être effacée, ou cassée si elle n'est pas effacée. Sachez que si un jeune enfant s'habitue à regarder la croix, et que ça se répète souvent, ceci aura pour conséquence d'en diminuer à ses yeux la gravité [religieuse]. Et si l'exercice se multiplie, la sensation diminue.[100]

Ainsi, il nous est obligatoire d'éloigner nos enfants de tout ce qui comporte une croix, que ce soit ce qui est vu sur l'ordinateur, ou sur les petites voitures avec lesquelles jouent les enfants. Sur certaines, on trouve la croix sur le côté, ou derrière. Concernant tout cela, il est de notre devoir d'en éloigner nos enfants. [101]

---

[100] Expression connue chez les arabes utilisée par le shaykh pour dire que si la vision de la croix se répète à lui, cela aura pour conséquence qu'il la banalise.
[101] Al-Liqâ ach-chahri (48)

LES AUTRES RELIGIONS

63/ LE RAPPROCHEMENT ENTRE LES RELIGIONS :

Question :

Que pensez-vous de ce que l'on appelle le rapprochement entre les religions, comme le fait qu'il y ait une rencontre entre musulmans et chrétiens pour tenter de resserrer les liens entre eux ?

Réponse de shaykh Ibn Utheymine رحمه الله :

Je vois - qu'Allah te bénisse - qu'il ne nous est absolument pas permis d'accréditer que les chrétiens sont sur une religion ou que les juifs sont sur une religion, tous ceux-là n'ont pas de religion, car leur religion a été abrogée par la religion de l'islam. Ainsi, nous disons : les religions, nous ne les accréditons nullement. Nous disons : les juifs ne tiennent sur rien, et les chrétiens ne tiennent sur rien, et la religion est la religion de l'islam. Comme l'a dit Allah ﷻ :

﴿وَمَن يَبْتَغِ غَيْرَ الْإِسْلَامِ دِينًا فَلَن يُقْبَلَ مِنْهُ وَهُوَ فِي الْآخِرَةِ مِنَ الْخَاسِرِينَ﴾

[سورة آل عمران - 85]

Sens rapproché du verset :
{Et quiconque désire une religion autre que l'islam, ne sera pas agréé, et il sera, dans l'au-delà, parmi les perdants.}
[Sourate Al-Imran (La Famille d'Imran) - verset 85]

Les choses étant ainsi, est-il donc possible que nous comparions entre un droit et un abrogé ? Ce n'est pas possible, et ce n'est que de la transigeance, comme l'a dit Allah ﷻ :

﴿وَدُّوا لَوْ تُدْهِنُ فَيُدْهِنُونَ﴾

[سورة القلم - 9]

Sens rapproché du verset :
{Ils aimeraient bien que tu transiges avec eux afin qu'ils transigent avec toi.}
[Sourate Al-Qalam (La Plume) - verset 9]

Oui, s'il s'agit d'un rapprochement spécifique limité entre une personne et une autre, dans le but qu'il l'invite à l'islam, alors c'est autre chose. Mais que nous transigions et disions : vous les juifs êtes sur une religion, vous les chrétiens êtes sur une religion, nous sommes sur une religion, et toutes les religions sont célestes… Alors cela n'est pas permis.

Premièrement, la Torah qui est entre les mains des juifs et l'Évangile qui est entre les mains des chrétiens sont falsifiés, altérés, modifiés. Ils ne correspondent pas à ce que les messagers ont apporté. Deuxièmement, si nous supposions qu'ils soient [conformes à] ce que les messagers ont apporté à cent pour cent, il n'en demeure pas moins que cela ait été abrogé. Celui qui régit les religions et les légifère, c'est Allah le Créateur. Allah ﷻ a dit :

﴿وَأَنزَلْنَا إِلَيْكَ الْكِتَابَ بِالْحَقِّ مُصَدِّقًا لِّمَا بَيْنَ يَدَيْهِ مِنَ الْكِتَابِ وَمُهَيْمِنًا عَلَيْهِ ۖ فَاحْكُم بَيْنَهُم بِمَا أَنزَلَ اللَّهُ﴾

[سورة المائدة - 48]

Sens rapproché du verset
{Et sur toi (Muhammad) Nous avons fait descendre le Livre, en toute vérité, pour confirmer le Livre qui était là avant lui et pour prévaloir sur lui. Juge donc parmi eux d'après ce qu'Allah a révélé (…)}
[Sourate Al-Mâ'ida (La table servie) - verset 48]

Donc la religion des juifs, et celle des chrétiens ont pris fin et ne seront jamais rétablies. [102]

---

[102] Liqâ Bab al-maftouh (214).

64/ LA DIFFÉRENCE ENTRE LA MÉCRÉANCE ET LE POLYTHÉISME :

Question :

Quelle est la différence entre la mécréance et le polythéisme ?

Réponse de shaykh Ibn Baz رحمه الله :

La mécréance est le fait de renier la vérité et la camoufler, comme celui qui renie l'obligation de la prière, l'obligation du jeûne, l'obligation de la Zakat ou l'obligation du grand pèlerinage malgré la capacité, ou encore l'obligation de la bienfaisance envers les parents, et ce qui s'y apparente. De même celui qui renie l'interdiction de la fornication, l'interdiction de boire les substances enivrantes, l'interdiction de rompre les relations avec les parents, etc.

Quant au polythéisme, il s'agit de dispenser une partie du culte à autre qu'Allah, comme celui qui cherche de l'aide auprès des morts ou des personnes absentes, des démons (djinn), des idoles, des étoiles, etc. Ou qu'il fasse un sacrifice ou un vœu pour eux.

On dit du mécréant qu'il est polythéiste, et au polythéiste qu'il est mécréant, comme a dit Allah ﷻ :

﴿وَمَن يَدْعُ مَعَ اللَّهِ إِلَٰهًا آخَرَ لَا بُرْهَانَ لَهُ بِهِ فَإِنَّمَا حِسَابُهُ عِندَ رَبِّهِ ۚ إِنَّهُ لَا يُفْلِحُ الْكَافِرُونَ﴾

[سورة المؤمنون - 117]

Sens rapproché du verset :
{Et quiconque invoque avec Allah une autre divinité, sans avoir la preuve évidente [de son existence], aura à en rendre compte à son Seigneur. En vérité, les mécréants, ne réussiront pas.}
[Sourate Al-Muminoun (Les Croyants) - verset 117]

Et Il ﷻ dit :

﴿إِنَّهُ مَن يُشْرِكْ بِاللَّهِ فَقَدْ حَرَّمَ اللَّهُ عَلَيْهِ الْجَنَّةَ وَمَأْوَاهُ النَّارُ﴾

[سورة المائدة - 72]

Sens rapproché du verset :
{(...) Quiconque associe à Allah (d'autres divinités) Allah lui interdit le Paradis ; et son refuge sera le Feu (...)}
[Sourate Al-Mâ'ida (La table servie) - verset 72]

Et Il ﷻ dit dans la sourate Le Créateur :

﴿ذَٰلِكُمُ اللَّهُ رَبُّكُمْ لَهُ الْمُلْكُ ۚ وَالَّذِينَ تَدْعُونَ مِن دُونِهِ مَا يَمْلِكُونَ مِن قِطْمِيرٍ (13) إِن تَدْعُوهُمْ لَا يَسْمَعُوا دُعَاءَكُمْ وَلَوْ سَمِعُوا مَا اسْتَجَابُوا لَكُمْ ۖ وَيَوْمَ الْقِيَامَةِ يَكْفُرُونَ بِشِرْكِكُمْ ۚ وَلَا يُنَبِّئُكَ مِثْلُ خَبِيرٍ (14)﴾

[سورة فاطر - 14]

147

Sens rapproché des versets :
{(…) Tel est Allah, votre Seigneur : à Lui appartient la
royauté, tandis que ceux que vous invoquez, en dehors de
Lui, ne sont même pas maîtres de la pellicule d'un noyau de
datte. (13) Si vous les invoquez, ils n'entendent pas votre
invocation; et même s'ils entendaient, ils ne sauraient vous
répondre. Et le jour du Jugement ils vont nier votre
association. Nul ne peut te donner des nouvelles comme
Celui qui est parfaitement informé. (14)}
[Sourate (Al-Fatir) Le Créateur - versets 13 et 14]

Il a donc nommé leurs invocations à d'autres qu'Allah
« polythéisme » dans cette [dernière] sourate, et dans la
Sourate Les Croyants, il les a nommées « mécréance ».

Et Il ﷺ dit dans la sourate Le Repentir :

﴿يُرِيدُونَ أَن يُطْفِئُوا نُورَ اللَّهِ بِأَفْوَاهِهِمْ وَيَأْبَى اللَّهُ إِلَّا أَن يُتِمَّ نُورَهُ وَلَوْ كَرِهَ
الْكَافِرُونَ (32) هُوَ الَّذِى أَرْسَلَ رَسُولَهُ بِالْهُدَىٰ وَدِينِ الْحَقِّ لِيُظْهِرَهُ عَلَى الدِّينِ
كُلِّهِ وَلَوْ كَرِهَ الْمُشْرِكُونَ (33)﴾

[سورة التوبة - 32، 33]

Sens rapproché des versets :
{Ils veulent éteindre avec leurs bouches la lumière d'Allah,
alors qu'Allah ne veut que parachever Sa lumière, quelque
répulsion qu'en aient les mécréants. (32) C'est Lui qui a

envoyé Son messager avec la bonne direction et la religion de la vérité, afin qu'elle triomphe sur toute autre religion, quelque répulsion qu'en aient les associateurs. (33)}
{Sourate (At-Tawba) Le Repentir - versets 32 et 33]

Il a donc nommé ceux qui le mécroient « mécréants » et les a [également] nommés « associateurs » (polythéistes). Ceci est la preuve que les mécréants sont nommés polythéistes et que les polythéistes sont [également] nommés mécréants, et les versets et hadiths en ce sens sont nombreux. Parmi eux, la parole du Prophète ﷺ : « *Entre l'homme, et le polythéisme et la mécréance se trouve le délaissement de la prière* »[103], rapporté par Muslim dans son Sahih d'après Djaber Ibn Abdallah qu'Allah les agrée. Et sa parole ﷺ : « *Le pacte entre nous et eux est la prière, donc celui qui la délaisse a certes mécru* »[104], rapporté par l'imam Ahmad, Abou Dawoud, Tirmidhi, Nasa-i et Ibn Maja avec une chaine de transmission authentique, d'après Bourayda Ibn Al Hassib qu'Allah l'agrée. [105]

---

[103] Rapporté par Muslim (82).
[104] Rapporté par At-Tirmidhi dans ses Sounan (2621) qui l'a authentifié et a également été authentifié par shaykh Al-Albani dans sa correction de Sounan At-Tirmidhi.
[105] Madjmou' Al-Fatawa (9/174).

65/ LA DIFFÉRENCE ENTRE LA MÉCRÉANCE ET LE POLYTHÉISME (2) :

Question :

Y a-t-il une différence entre le polythéisme et la mécréance ?

Réponse de shaykh Al-Fawzan حفظه الله :

Oui il y a entre eux des particularités et des généralités. Tout polythéiste est mécréant. Mais tout mécréant n'est pas [forcément] polythéiste. Il est mécréant, reniant Le Seigneur. Quant au polythéiste, il reconnait Le Seigneur, mais lui associe autre que Lui [dans l'adoration]. [106]

---

[106] Séance de questions-réponses ayant suivies l'un des cours sur l'explication du livre Fath Al-Majid de shaykh 'Abd Ar-Rahman Ibn Hasan Al-Shaykh رحمه الله.

66/ NE PAS RECONNAÎTRE LES JUIFS ET CHRÉTIENS COMME ÉTANT MÉCRÉANTS :

Question :

Quel est le jugement religieux concernant celui qui ne rend pas mécréant les juifs et les chrétiens ?

Réponse de shaykh Ibn Baz رحمه الله :

Celui qui ne rend pas mécréant le mécréant leur est semblable, dans la mesure où la croyance en Allah implique le fait de [considérer] mécréant celui qui mécroie en Lui. C'est pour cela qu'a été rapporté dans le récit prophétique authentique, que le Prophète ﷺ a dit : « *Quiconque rend l'unicité à Allah, et renie ce qui est adoré en dehors de Lui, Allah interdit ses biens et son sang (aux musulmans), et son jugement appartient à Allah* ».[107]

Et Allah ﷻ dit :

$$﴿فَـمَن يَكْفُرْ بِالطَّاغُوتِ وَيُؤْمِن بِاللَّهِ فَقَدِ اسْتَمْسَكَ بِالْعُرْوَةِ الْوُثْقَىٰ لَا انفِصَامَ لَهَا ۗ وَاللَّهُ سَمِيعٌ عَلِيمٌ﴾$$

[سورة البقرة - 256]

---

[107] Rapporté par Al-Albani dans Sahih Al Jami' (6438).

Sens du verset :

{Donc, quiconque renie ce qui est adoré en dehors d'Allah tandis qu'il croit en Allah saisit l'anse la plus solide, qui ne peut se briser. Et Allah est Audient et Omniscient.}

[Sourate Al-Baqara (La vache) – verset 256]

Il est donc impératif de croire en Allah, de lui rendre l'unicité et d'être sincère envers Lui, croire en la foi des croyants. Mais il est [également] obligatoire de [considérer] mécréant les mécréants à qui est parvenue la législation de l'islam mais n'y ont pas cru, tels que les juifs, les chrétiens, les païens, les communistes, et les autres parmi ceux qui sont présents aujourd'hui et autrefois, à qui il est parvenu le Message d'Allah et n'y ont pas cru, et ils font partie de ce fait des gens de l'Enfer, mécréants. Nous demandons à Allah le salut. [108]

67/ ALLER À L'ÉGLISE :

Question :

Quel est le jugement religieux concernant le fait qu'un musulman entre dans une église que ce soit pour assister à leurs prières ou écouter une conférence ?

---

[108] Madjmou' al-Fatawa (28/46).

Réponse du comité permanent de l'Ifta :

Il n'est pas permis au musulman d'entrer dans les lieux de cultes des non-musulmans, car cela augmente de ce fait leur nombre, et en raison de ce qu'Al-Bayhaqî a rapporté avec une chaîne de transmission authentique que `Omar a dit : *« (...) Et n'entrez pas dans les églises et les lieux de cultes des polythéistes, car le courroux d'Allah descend sur eux. »*[109]

Mais si cela entre dans le cadre d'un intérêt légitime ou pour les appeler à [adorer] Allah ﷻ ou pour une autre raison similaire, il n'y a pas de mal à cela.

Qu'Allah vous accorde la réussite et que la Salat et le Salam soient sur notre prophète Mohammed, ainsi que sur sa famille et ses compagnons. [110]

---

[109] Rapporté par Al-Bayhaqi dans Sunan Al-Koubra (9/392).
[110] Fatawa al-ladjna ad-daima (6876).

68/ RECONNAITRE QU'IL Y A UN DIEU SANS ADHÉRER A L'ISLAM :

Question :

Un homme qui entend parler de l'islam alors qu'il n'est pas musulman, sait que l'islam appelle au monothéisme et qu'il n'y a qu'un seul Dieu, mais voit à l'apparence extérieure des musulmans - c'est ce à quoi il parvient - qu'ils sont féroces, que ce sont des combattants et que leur prophète est comme ça, mais il croit au fait qu'il n'y ait qu'un seul Dieu. Alors quelle sera la récompense de cette personne le Jour de la Résurrection ?

Réponse de shaykh Ibn Utheymine رحمه الله :

Il est mécréant. Tant qu'il ne croit pas au Messager ﷺ alors il est mécréant. Celui qui désire vraiment l'islam, c'est-à-dire d'une réelle volonté, doit regarder les enseignements de l'islam, et les directives de l'islam, et non pas les musulmans eux-mêmes, car les musulmans commettent des péchés en tous genres. Certains d'entre eux pratiquent même le polythéisme majeur, qui correspond à leur supplication à un autre qu'Allah, en accomplissement de sa parole ﷺ : *« Vous suivrez les voies de ceux qui étaient avant vous, de sorte que s'ils entraient dans le trou d'un lézard, vous y entreriez.*»[111] Et le trou du lézard est connu pour être en zigzag, et non droit. Au point [donc] que même s'ils étaient entrés dans ce trou étroit et sinueux qui n'est pas droit, vous y pénétreriez [également]. La personne qui veut vraiment atteindre la foi en Allah ﷻ, doit regarder [la religion de] l'islam en elle-même et non les musulmans.

Quant aux musulmans, comme vous pouvez le constater maintenant, on trouve chez eux le mensonge, la tricherie, la fornication, l'homosexualité, le vol, l'usure, le polythéisme, l'agression sans droit alors qu'ils ne devraient pas.

Ensuite, ces descriptions ne s'appliquent pas à tous les musulmans mais plutôt à certains d'entre eux. Il se peut que cet homme ne rencontre que ceux qui sont dotés de ces [mauvais] caractères. Alors qu'il se trouve d'autre part le groupe sauvé (dans ce bas-monde) épargné (dans l'au-delà) dont cet homme n'a pas connaissance. Et le devoir est comme je l'ai dit et je le répète : qu'une personne devrait uniquement regarder les enseignements de l'islam et non pas les musulmans. [112]

---

[11] Rapporté par Al-Boukhari (3456) et Muslim (2669).
[12] Liqâ Bab al-maftouh (120)

69/ LE JUGEMENT DE LA LAÏCITÉ EN ISLAM :

Question :

(Une personne a énuméré différents points concernant la laïcité puis a envoyé la question suivante).

Nous sollicitons votre générosité pour nous renseigner, par une réponse textuelle, sur le jugement de l'islam concernant la laïcité et ceux qui l'embrassent à la lumière de ces interprétations[113] et nous l'envoyer rapidement, étant donné l'état des musulmans et l'incapacité à laquelle ils sont confrontés pour débattre avec les associateurs et les apostas de nos pays, et dans la mesure où les mécréants parmi eux tentent ces jours-ci de contrecarrer les œuvres des musulmans.

Réponse du comité permanent de l'ifta :

Ce que l'on appelle la laïcité, qui est un appel à la séparation de la religion et de l'État, de se suffire en religion au culte, délaissant tout le reste comme les transactions, etc., reconnaitre ce que l'on nomme la liberté religieuse, de sorte que celui qui souhaite embrasser l'islam le fait, et celui qui

---

[113] Nous avons pris la décision de ne pas les évoquer ici étant donné que c'était long sans avoir d'impact sur la réponse du comité.

veut apostasier et suivre d'autres fausses doctrines et religions, est libre de le faire. Ceci ainsi que les autres croyances corrompues sont un appel infidèle et mécréant contre lequel il faut mettre en garde, et dont il faut révéler la fausseté, mettre en évidence le danger qu'il représente, et se méfier des illusions avec lesquelles tentent de la couvrir ceux qui se sont laissés tenter par elle, car son mal est énorme et son danger est immense. Nous demandons à Allah de nous préserver de cette théorie et de ses adeptes.

Qu'Allah nous accorde la réussite, et que la Salat et le Salam soient sur notre prophète Mohammed, ainsi que sur famille et ses compagnons. [114]

70/ LE JUGEMENT DE LA LAÏCITÉ EN ISLAM (2) :

Question :

S'est propagée ce que l'on appelle le courant de pensée laïque. La question est de savoir si la laïcité est un crédo blasphématoire, et devons-nous juger ses partisans comme étant mécréants ?

---

[114] Fatawa al-ladjna ad-daima (18686).

Réponse de shaykh Al-Fawzan حفظه الله :

C'est de la mécréance. La laïcité est de la mécréance car elle sépare la religion de l'État, c'est cela la laïcité, séparer entre la religion et l'État. La législation de l'islam est venue avec la politique, le culte et la loi ! En conséquence, le fait de séparer l'un de l'autre est de la mécréance dans la religion.

Ils disent « La politique ne contient pas le halal et le haram (le permis et l'interdit), donc agis comme tu le souhaites, et la religion est [uniquement] à la mosquée et est personnelle, ne nous préoccupons pas d'eux, laissez-les à la mosquée, délaissez-les et ne vous en mêlez pas. Quant à la politique, ceux qui fréquentent la mosquée ne s'en mêlent pas ». C'est le sens de leurs propos, à savoir que les pratiquants religieux ne se mêlent pas de la politique, et que les politiques ne se mêlent pas du religieux. Cela est une séparation de ce qu'Allah a rassemblé.

Il n'y a ni intégrité ni droiture pour les serviteurs, sans la loyauté de la politique et de la religion ensemble !

71/ EST-CE QUE L'HINDOUISME ET LE BOUDDHISME SONT DES RELIGIONS ?

Question :

L'Inde est nommée « le pays des religions », on y trouve l'hindouisme, le bouddhisme, les sikhs, etc. Est-ce que ce sont véritablement des religions comme on le prétend ? Ont-elles été révélées et envoyées par Allah ?

Réponse de shaykh Ibn Baz رحمه الله :

Tout ce que les gens prennent comme religion et dont ils se servent en tant que culte est appelé religion, même si cela est vain comme le bouddhisme, l'hindouisme, le christianisme, etc. Allah ﷻ a dit :

$$\{لَكُمْ دِينُكُمْ وَلِيَ دِينِ\}$$
[سورة الكافرون - 6]

Sens du verset :
{À vous votre religion, et à moi ma religion}
[Sourate Al-Kafiroun (Les infidèles) – verset 6]

Il a nommé religion ce sur quoi sont les adorateurs d'idoles, et la véritable religion est l'islam comme a dit Allah ﷻ :

﴿إِنَّ الدِّينَ عِندَ اللّهِ الإِسْلاَمُ﴾

[سورة آل عمران – 19]

Sens du verset :
{Certes, la religion acceptée d'Allah, c'est l'Islam (...)}
[Sourate Al-Imran (La famille d'Imran) – verset 19]

Et Il ﷺ a dit :

﴿وَمَن يَبْتَغِ غَيْرَ الإِسْلاَمِ دِينًا فَلَن يُقْبَلَ مِنْهُ وَهُوَ فِي الآخِرَةِ مِنَ الْخَاسِرِينَ﴾

[سورة آل عمران – 85]

Sens du verset :
{Et quiconque désire une religion autre que l'Islam, ne sera
point agrée, et il sera, dans l'au-delà, parmi les perdants.}
[Sourate Al-Imran (La famille d'Imran) – verset 85]

Et Il ﷺ a dit :

﴿الْيَوْمَ أَكْمَلْتُ لَكُمْ دِينَكُمْ وَأَتْمَمْتُ عَلَيْكُمْ نِعْمَتِي وَرَضِيتُ لَكُمُ الإِسْلاَمَ دِينًا﴾

[سورة المائدة – 3]

Sens du verset :
{Aujourd'hui, J'ai parachevé pour vous votre religion, et
accompli sur vous Mon bienfait. Et J'agrée l'Islam comme
religion pour vous.}
[Sourate Al-Mâ'ida (La table servie) – verset 3]

Et l'islam est l'adoration d'Allah Seul, l'obéissance à ses
commandements, le délaissement de ses interdictions, la

croyance en tout ce qu'Allah nous a informés ainsi que Son Messager parmi les choses passées et futures.

Mais aucune des fausses religions n'est une révélation d'Allah ou ne Lui plaît, mais elles sont toutes survenues sans révélations d'Allah, et l'islam est la religion de l'ensemble des messagers, mais ses lois ont différé [selon le messager], conformément à la Parole d'Allah :

﴿لِكُلٍّ جَعَلْنَا مِنكُمْ شِرْعَةً وَمِنْهَاجًا﴾

[سورة المائدة – 48]

Sens du verset :
{(...) A chacun de vous Nous avons assigné une législation et un plan à suivre (...)}
[Sourate Al-Mâ'ida (La table servie) – verset 48] 115

---

115 Madjmou' Al-Fatawa (28/272).

QUESTIONS DIVERSES

72/ LES ŒUVRES DU NON-MUSULMAN APRÈS SA MORT :

Question :

Si une personne meurt, qu'elle soit chrétienne ou juive, en ayant des œuvres de bienfaisance [à son actif], est-ce que cela lui bénéficiera (après sa mort) ?

Réponse de shaykh Ibn Baz رحمه الله :

Le Prophète ﷺ a dit « *Lorsque le non-musulman accomplit une bonne action, il est nourri en ce bas-monde* »[116], il sera récompensé de ses bonnes actions en ce bas-monde, et quand il sera conduit vers l'au-delà il n'y aura rien comme a dit Allah ﷻ :

$$﴿وَقَدِمْنَا إِلَى مَا عَمِلُوا مِنْ عَمَلٍ فَجَعَلْنَاهُ هَبَاءً مَّنثُورًا﴾$$

[سورة الفرقان - 23]

---

[116] Rapporté par Muslim (2808).

Sens rapproché du verset :
{Nous avons considéré l'œuvre qu'ils ont accomplie et
Nous l'avons réduite en poussière éparpillée.}
[Sourate Al-Fourqane (Le discernement) – verset 23]

Concernant le croyant, il est récompensé de ses œuvres dans ce bas-monde et dans l'au-delà. S'il fait une bonne action, elle sera sauvegardée pour lui dans l'au-delà avec ce qu'Allah lui attribue comme bonne subsistance [ici-bas]. Ainsi, le croyant est récompensé dans ce bas-monde et dans l'au-delà.

Quant au non-musulman, ses bonnes actions telles que le fait de resserrer les liens de parenté, les aumônes, ou ce qui s'y apparente, il en sera récompensé [uniquement] ici-bas.

Le présentateur : Certains disent « on espère pour lui (une récompense) dans l'au-delà » ?

Shaykh : En ce bas-monde ! Il en est récompensé dans ce bas-monde uniquement ! D'après le texte du Prophète ﷺ et d'après le texte du Coran :

﴿وَقَدِمْنَا إِلَىٰ مَا عَمِلُوا مِنْ عَمَلٍ فَجَعَلْنَاهُ هَبَاءً مَّنثُورًا﴾

[سورة الفرقان - 23]

Sens rapproché du verset :
{Nous avons considéré l'œuvre qu'ils ont accomplie et
Nous l'avons réduite en poussière éparpillée.}
[Sourate Al-Fourqane (Le discernement) – verset 23]

163

C'est-à-dire les non-musulmans, et Il dit ﷻ :

﴿وَلَوْ أَشْرَكُوا لَحَبِطَ عَنْهُم مَّا كَانُوا يَعْمَلُونَ﴾

[سورة الأنعام - 88]

Sens rapproché du verset :
{(...) Mais s'ils avaient donné à Allah des associés, alors,
tout ce qu'ils auraient fait eût certainement été vain.}
[Sourate Al-An'am (Les bestiaux) – verset 88]

Et Il dit ﷻ :

﴿مَا كَانَ لِلْمُشْرِكِينَ أَن يَعْمُرُوا مَسَاجِدَ اللَّهِ شَاهِدِينَ عَلَى أَنفُسِهِم بِالْكُفْرِ
أُولَٰئِكَ حَبِطَتْ أَعْمَالُهُمْ وَفِي النَّارِ هُمْ خَالِدُونَ﴾

[سورة التوبة - 17]

Sens rapproché du verset :
{Il n'appartient pas aux associateurs de peupler les
mosquées d'Allah, vu qu'ils témoignent contre eux-mêmes
de leur mécréance. Voilà ceux dont les œuvres sont vaines ;
et dans le Feu ils demeureront éternellement.}
[Sourate At-Tawba (Le repentir) – verset 17]

Et Il dit ﷻ :

﴿وَمَن يَكْفُرْ بِالْإِيمَانِ فَقَدْ حَبِطَ عَمَلُهُ وَهُوَ فِي الْآخِرَةِ مِنَ الْخَاسِرِينَ﴾

[سورة المائدة - 5]

Sens rapproché du verset :
{« (…) Et quiconque abjure la foi, alors vaine devient son action, et il sera dans l'au-delà, du nombre des perdants »}
[Sourate Al-Mâ'ida (La table servie) – verset 5]

Et l'imam Muslim a rapporté dans son Sahih « *Lorsque le non-musulman accomplit une bonne action, il est nourri en ce bas-monde* »[117]. Et il ne lui restera rien dans l'au-delà, car sa mécréance rend vaine ses (bonnes) actions. Nous demandons à Allah la sécurité. [118]

73/ LE SORT DE CELUI QUI N'A PAS RECU LE MESSAGE DE L'ISLAM :

Question :

Quel est le sort, le jour du jugement, de celui qui n'a pas reçu le message de l'islam ?

---

[117] Rapporté par Muslim 2808.
[118] Fatwa numéro (21484) publiée sur le site officiel de shaykh Ibn Baz رحمه الله.

Réponse de shaykh Ibn Baz رحمه الله :

Son jugement est celui des gens de l'état originel (fitrah) qui n'ont pas reçu le message des messagers. Il a certes été rapporté dans les récits prophétiques authentiques qu'ils seront mis à l'épreuve, celui d'entre eux qui réussit entrera au Paradis, et celui qui désobéit entrera en Enfer.

C'est-à-dire celui que le prêche de l'islam n'a pas atteint parmi ceux qui ont été élevés dans l'ignorance loin des musulmans, comme à notre époque ceux qui sont à la périphérie de l'Amérique ou vers les rives de l'Afrique, loin de l'islam, ou tout ce qui s'y apparente parmi les endroits que l'islam n'a pas atteints.

Donc celui-ci sera mis à l'épreuve le Jour de la Résurrection. Il y aura des obligations et des interdits en ce jour : S'il répond à l'obligation et obéit, il entrera au Paradis, et s'il désobéit, il entrera au feu. À ce sujet, le savantissime Ibn Al Qayyim s'est amplement étalé dans son ouvrage « le chemin des deux émigrations » à la fin du livre dans une étude qu'il a intitulée « les classes des responsables religieusement ». Il s'est épanché sur cela, a montré la parole des gens de science et a rappelé les récits prophétiques mentionnés à ce sujet.

Ainsi, la personne que le prêche n'a pas atteint car il se trouve loin de l'islam et des musulmans, ou celui que l'islam atteint mais qui se trouve être [dans un état] possédé ou

166

aliéné, il n'a pas de raison, ou comme les enfants des associateurs qui sont morts jeunes au milieu des associateurs d'après l'un des avis des gens de science à leur sujet, ils seront tous mis à l'épreuve le jour de la résurrection, celui qui répondra [comme il faut] entrera au Paradis, et celui qui désobéira entrera au Feu, nous demandons à Allah la sécurité.

Et le juste avis concernant les enfants des associateurs s'ils sont morts jeunes avant l'âge de puberté est qu'ils feront partie des gens du Paradis compte tenu des récits prophétiques qui prouvent cela. [119]

74/ LA SAGESSE DANS LE FAIT QU'UN MALHEUR ATTEIGNE LE MECREANT :

Question :

Nous connaissons la sagesse qu'il y a dans le fait qu'un musulman soit touché par un malheur. Il peut s'agir d'un examen ou d'une épreuve, ou encore d'une punition pour ce

---

[119] Madjmou' al fatawa (8/97).

qu'il a commis comme erreur. Ici, la question est de savoir quelle est la sagesse dans le fait qu'un malheur atteigne le mécréant ? Et quelle est la sagesse qu'un malheur touche un petit enfant ? Cela arrive à certains enfants et pas à d'autres... Et que dire sur les malheurs (maladies, blessures, etc) qui touchent certains animaux ou les oiseaux ?

Réponse de shaykh Al-Fawzan حفظه الله :

La Sagesse d'Allah ﷻ dans Sa création ne peut être entourée d'une généralité. Il y a des raisons que l'on peut atteindre, d'autres que l'on ne peut atteindre. Mais on coupe court [à la réflexion], et l'on croit au fait qu'Allah ﷻ ne fait une chose qu'en vertu d'une Sagesse, car Il ﷻ est exempté de faire une chose sans raison.

Et les malheurs qui atteignent le mécréant sont des châtiments qui résultent de leur mécréance et leur désobéissance, Allah ﷻ a dit :

﴿وَلَنُذِيقَنَّهُم مِّنَ الْعَذَابِ الْأَدْنَىٰ دُونَ الْعَذَابِ الْأَكْبَرِ لَعَلَّهُمْ يَرْجِعُونَ﴾

[سورة السّجدة - 21]

Sens rapproché du verset :
{Nous leur ferons certainement goûter au châtiment ici-bas, avant le grand châtiment afin qu'ils retournent (vers le droit chemin)}
[Sourate As-Sajda (la prosternation) – verset 21]

Et Il ﷻ a dit :

﴿وَإِنَّ لِلَّذِينَ ظَلَمُوا عَذَابًا دُونَ ذَلِكَ وَلَكِنَّ أَكْثَرَهُمْ لَا يَعْلَمُونَ﴾

[سورة الطور - 47]

Sens rapproché du verset :
{Les injustes auront un châtiment préalable. Mais la plupart d'entre eux ne savent pas.}
[Sourate At-Tur - verset 47]

Quant à ce qui touche l'enfant, cela peut être une punition ou une épreuve pour son père, afin qu'il manifeste sa patience et son espérance en la récompense et d'autres raisons encore que celles-ci.

De même, ce qui touche les animaux est un châtiment ou une épreuve pour leurs propriétaires, Allah ﷻ a dit :

﴿وَلَنَبْلُوَنَّكُم بِشَيْءٍ مِّنَ الْخَوْفِ وَالْجُوعِ وَنَقْصٍ مِّنَ الْأَمْوَالِ وَالْأَنفُسِ وَالثَّمَرَاتِ وَبَشِّرِ الصَّابِرِينَ (155) الَّذِينَ إِذَا أَصَابَتْهُم مُّصِيبَةٌ قَالُوا إِنَّا لِلَّهِ وَإِنَّا إِلَيْهِ رَاجِعُونَ (156)﴾

[سورة البقرة - 2]

Sens rapproché des versets :
{Très certainement, Nous vous éprouverons par un peu de peur, de faim et de diminution de biens, de personnes et de fruits. Et fais la bonne annonce aux endurants, (155)

169

qui disent, quand un malheur les atteint : « Certes nous sommes à Allah, et c'est à Lui que nous retournerons » (156)}
[Sourate Al-Baqara (La Vache) – versets 155, 156] [120]

75/ ENTERRER UN MUSULMAN DANS UN CIMETIÈRE CHRÉTIEN :

Question :

Mon père est mort depuis dix-huit ans et il est enterré avec des chrétiens en France. M'est-il permis de le sortir de ce cimetière pour l'enterrer dans un cimetière musulman ? Sachant qu'il m'a recommandé, avant de mourir, de l'enterrer en Algérie. Et à cette époque, je n'avais ni les moyens ni aucune possibilité de le faire.

Réponse du comité permanent de l'Ifta رحمه الله :

Il n'est pas permis d'enterrer un musulman dans un cimetière de mécréants, et s'il est arrivé qu'une personne ait

---

[120] Fatawa Al-Fawzan (2/104).

été enterrée dans leur cimetière, il convient de la déterrer et de la transférer vers un cimetière musulman s'il y en a ou à défaut, de la transférer dans n'importe quel autre endroit où il n'y a pas de tombes de mécréants, si cela est possible.

Qu'Allah vous accorde la réussite et que la Salat et le Salam soient sur notre prophète Mohammed, ainsi que sur sa famille et ses compagnons.[121]

76/ LE BAS-MONDE EST LA PRISON DU CROYANT ET LE PARADIS DU MÉCRÉANT :

Question :

Quel est le sens du hadith rapporté par Abou Horeira, qu'Allah l'agrée, du Messager d'Allah ﷺ : « *Le bas-monde est la prison du croyant, et le paradis du mécréant* »[122] ?

Réponse de shaykh Ibn Utheymine رحمه الله :

Le sens de ce hadith est que le bas-monde, quels que soient ses délices, aussi plaisants et radieux soient ses jours

---

[121] Fatawa al-ladjna ad-daima (16057).
[122] Rapporté par Muslim (2956).

171

pour ses habitants, il n'en demeure pas moins telle une prison pour le croyant qui recherche une meilleure félicité, plus parfaite et plus élevée.

Quant au mécréant, il s'agit de son paradis car il y jouit de faveurs et oublie l'au-delà. Il est comme Allah ﷻ a dit les concernant :

﴿وَالَّذِينَ كَفَرُوا يَتَمَتَّعُونَ وَيَأْكُلُونَ كَمَا تَأْكُلُ الْأَنْعَامُ وَالنَّارُ مَثْوًى لَهُمْ﴾
[سورة محمّد - 12]

Sens rapproché du verset :
{(…) Et ceux qui mécroient profitent (de cette vie) et mangent comme mangent les bestiaux ; et le Feu sera leur destination finale.}
[Sourate Mohammed - verset 12]

Lorsque le mécréant meurt, il ne trouve rien d'autre devant lui que le feu [de l'Enfer], nous cherchons refuge auprès d'Allah contre cela, et malheur aux habitants de l'Enfer !

C'est la raison pour laquelle ce bas-monde, malgré ce qu'il contient comme tourments, contrariétés, difficultés et amertumes, est pour le mécréant tel un paradis, car il passe de celui-ci vers le châtiment du Feu, qu'Allah nous en préserve. Ainsi, le bas-monde a, pour lui, le statut du paradis.

Il est mentionné d'Ibn Hajr Al-'Asqalani, qu'Allah lui fasse miséricorde, l'auteur de Fath Al-Bari (le commentaire de Sahih Al-Boukhari), et il était le grand juge d'Égypte à son époque, qu'il passait au marché [en étant] sur une monture. Un jour, un homme parmi les juifs l'arrêta, et lui dit : « votre prophète ﷺ dit : « *Le bas-monde est la prison du croyant, et le paradis du mécréant* », mais comment cela peut-il être possible alors que tu es dans cette opulence et en étant bien accueilli ? » Et le juif dit à propos de lui-même, qu'il était dans un état d'extrême pauvreté et d'abaissement, comment cela était-il donc possible ? » Ibn Hajar lui dit alors : « Moi, et si je suis dans l'état dans lequel tu me vois, recevant un tel accueil, les gens à ma disposition, cela est, pour moi, en comparaison des délices qu'obtiendra le croyant au Paradis, similaire à une prison. Quant à toi, la situation de pauvreté et d'humiliation dans laquelle tu te trouves, en comparaison de ce que trouvera le mécréant en Enfer, a un statut de paradis ». Ces paroles plurent au juif qui attesta l'attestation de vérité, il dit : « J'atteste qu'il n'y a pas de divinité digne d'être adoré en vérité en dehors d'Allah, et j'atteste que Mohammed est le messager d'Allah ». [123] [124]

---

[123] C'est-à-dire qu'il prononca l'attestation pour embrasser l'islam.
[124] Fatawa Nour 'ala Ad-Darb (165).

77/ UTILISER LES TRIBUNAUX QUI NE JUGENT PAS PAR LES LOIS DE L'ISLAM POUR OBTENIR SES DROITS :

Question :

J'ai un commerce à l'extérieur de ce pays et j'y ai été victime d'une escroquerie. M'est-il permis de saisir des tribunaux qui statuent par d'autres lois que la législation de l'islam afin de recouvrer mes droits ?

Réponse de shaykh Al-Fawzan حفظه الله :

Si tu obtiens uniquement tes droits et ne fais de tort à personne, alors il n'y a pas de mal. Tu as l'intention de recouvrer tes droits et de ne nuire à personne, il n'y a donc rien de mal en cela.

Mais si tu te fais juger par d'autres lois que celles de l'islam uniquement car elles jugent par des choses qui sont contraires à la loi de l'islam, alors ce n'est pas permis. Outrepasser les droits des personnes, ou abuser des gens en vertu de la loi, alors cela n'est pas permis. [125]

---

[125] Question n°2471 parmi les séances de questions-réponses ayant suivi l'explication de 'Omdat fi al fiqh de l'imam Al-Maqdissi.

78/ PRÉFÉRER LES PAYS MÉCRÉANTS AUX PAYS MUSULMANS :

Question :

De nos jours, certains musulmans affirment que la vie dans les pays des mécréants est meilleure que la vie dans les pays des musulmans dans la mesure où la vie dans les pays musulmans contient de la gêne et de l'étroitesse dans le quotidien. Ils se sont ainsi mis à voyager vers les pays de mécréance en tant que réfugiés. Est-ce que cet acte est autorisé ?

Réponse de shaykh Al-Fawzan حفظه الله :

Non, cet acte n'est pas permis. Celui-là favorise les pays des mécréants aux pays des musulmans ! Qu'Allah nous en préserve ! Il favorise [de ce fait] la mécréance sur la foi, les mécréants sur les musulmans. Ça n'est pas permis.

Mais s'il s'est réfugié, ou s'il se trouve dans les pays mécréants et n'est pas en mesure d'émigrer [vers une terre d'islam], il est

175

excusé à condition de s'attacher fermement à sa religion, et de l'établir, jusqu'à ce que lui soit facilitée l'émigration.

Mais qu'il s'y installe par désir car on y trouve un bien-être matériel et des choses semblables... Celui-ci préfère la vie d'ici-bas à celle de l'au-delà, et il a une mauvaise opinion d'Allah. Il pense que s'il vient dans les pays musulmans il va mourir de faim, ou qu'il lui arrivera quelque chose [de mal]. Aies une bonne opinion d'Allah ﷻ :

﴿وَمَن يَتَّقِ اللَّهَ يَجْعَل لَّهُ مَخْرَجًا (2) وَيَرْزُقْهُ مِنْ حَيْثُ لَا يَحْتَسِبُ (3)﴾

[سورة الطلاق- 2-3]

Sens des versets :
{Et quiconque craint Allah, Il lui donnera une issue favorable, (2) et lui accordera Ses dons par [des moyens] sur lesquels il ne comptait pas. (3)}
[Sourate At-Talaq (Le divorce) – versets 2 et 3] [126]

---

126 Ighâthat al-lahfân min masâyid ach-cheytan (24 rabi' ath-thani 1434 correspondant au 7 mars 2013)

79/ SUR LE FAIT DE DIRE QUE LES MÉCRÉANTS SONT MEILLEURS QUE LES MUSULMANS :

Question :

Il se répand parmi les gens à l'époque actuelle, et notamment les collègues de travail, la parole stipulant que le mécréant est meilleur que le musulman, et ceci n'est pas vrai. La plupart des sociétés se sont même mises à ne recruter que les mécréants au détriment des musulmans, et c'est une chose dramatique. Nous demandons à votre Éminence de propager un sermon du vendredi qui soit suffisant en tant que réponse à ces ignorants qui suivent l'islam par le nom [uniquement], dans le but que tout le monde connaisse le danger de ces propos, d'autant plus que beaucoup de monde assiste au sermon du vendredi...

Réponse de shaykh Ibn Baz رحمه الله :

Lors de la conférence précédente de shaykh Salah Al-Fawzan, qui s'est tenue dans la nuit de vendredi dernier, il a été mis en garde au sujet de ce que disent certaines personnes que le mécréant serait meilleur que le musulman, ou que les chrétiens vaudraient mieux que les musulmans, [en disant] qu'il s'agit d'apostasie, qu'Allah nous en préserve. C'est un immense fléau. Celui qui dit que le mécréant est meilleur que le musulman est sans aucun doute comparable aux juifs lorsqu'ils dirent aux infidèles : « Vous êtes mieux guidés que Mohammed et ses compagnons ». C'est une chose abominable.

Même s'il arrive que le mécréant s'efforce de renouveler sa marchandise, et établir son commerce avec honnêteté sur certains points, il n'en demeure pas moins qu'il porte en lui la mécréance, l'égarement et une grande perversion qui mettent en évidence son espièglerie, son mal et sa corruption. Il est l'un des êtres les plus impurs et les plus mauvais.

De ce fait, même si le musulman commet quelques péchés, il demeure bien meilleur que le mécréant, dans la mesure où il a la foi en Allah et Son messager, il rend l'unicité à Allah, il est ainsi meilleur que le mécréant à bien des égards. S'il a des péchés, dans lesquels il a divergé de sa religion, puisque l'islam lui interdit le péché, la trahison, le mensonge, le mécréant n'est [cependant] pas meilleur que lui.
Au contraire, il suit un chemin meilleur et est mieux guidé que le mécréant, malgré tout ce qu'il commet comme péchés. Il doit néanmoins craindre Allah et être vigilant à l'égard des péchés, du mensonge et de la trahison.

Si le mécréant fait des efforts pour être honnête, ou dans l'embellissement de sa marchandise, dans la qualité de son travail, pour son bonheur immédiat et son bas-monde actuel, il n'en demeure pas moins qu'il ne t'est pas permis à toi, ô musulman, d'être laxiste, afin de ne pas être un déshonneur pour les musulmans.

Tu dois plutôt également t'efforcer de perfectionner ton travail par l'honnêteté, le fait de ne pas mentir, dans le but de ne pas ouvrir une porte au mal pour les musulmans. Mais tu dois plutôt être extrêmement prudent à l'égard de tout ce qu'Allah ﷻ a interdit.

Toutefois, il n'est permis à aucun musulman de dire que les mécréants sont meilleurs, mieux guidés ou plus honnêtes que les musulmans. Tout cela est faux ! Tout cela est très mauvais ! Quiconque dit cela de manière avertie a certes apostasié, qu'Allah nous en préserve. C'est une grande affliction, qu'Allah nous en préserve. (…) [127]

---

[127] Fatwa n°2403 publiée sur le site officiel de shaykh Ibn Baz رحمه الله.

179

80/ LES ATTENTATS ET ACTES TERRORISTES EN ISLAM :

Question :

Cette personne interroge sur les attentats et la sédition.

Réponse de shaykh Al-Fawzan حفظه الله :

Cela ne peut être que l'oeuvre de personnes ayant quitté le monde des humains pour atteindre l'état des lions et des animaux. Ce ne sont pas des hommes, ni des êtres humains. Leurs cerveaux sont devenus monstrueux, tout comme leurs manières de penser. Ils sont ainsi devenus des moyens de destructions dans la société. Et si l'Homme perd la raison, et perd la foi, alors l'animal devient meilleur que lui. Il n'y a de changement ni de force que par Allah.

Cela est un acte odieux, et un acte indigne de l'humanité, et encore moins de musulmans. Le musulman ne commet pas de mal, le musulman ne commet pas de mal envers les gens. Mais le musulman doit être une source de bien, une source de prêche pour Allah, et une source qui ordonne le bien et condamne le blâmable de la manière qui convient. Mais qu'il sème le désordre et qu'il commette des attentats, cela est l'œuvre des monstres, mais même les monstres ne font pas ce type d'actes. [128]

[128] Fatawa Al-Haram Al-Mekki.

BONUS

UN AMOUR AUQUEL RIEN NE RESSEMBLE - SHAYKH IBN UTHEYMINE رحمه الله

Par Allah, la personne trouve un goût sans équivalent dans l'amour d'Allah. Allah est Plus Grand ! Et l'amour d'Allah diffère de l'amour de la récompense. Quand l'amour d'Allah tombe dans ton coeur, tu oublies toute chose, même le paradis et toute autre chose. Tu aimes Allah ﷻ Lui-même, tu L'aimes, à tel point que tu voies toute chose s'estomper et être un serviteur d'Allah devant toi.

L'amour [en question] est un véritable amour pour Allah. C'est pourquoi, il est dit dans le hadith, malgré ce qu'il se trouve à dire [sur son authenticité] : « *Aimez Allah pour ce qu'Il vous accorde comme bienfaits.* »[129] Tous les bienfaits, de qui sont-ils ?

﴿وَمَا بِكُم مِّن نِّعْمَةٍ فَمِنَ اللَّهِ ثُمَّ إِذَا مَسَّكُمُ الضُّرُّ فَإِلَيْهِ تَجْـَٔرُونَ﴾

[سورة النحل- 53]

---

[129] Rapporté par At-Tirmidhi (3789), authentifié par Al-Hakim. Shaykh Al-Albani l'a déclaré faible dans da'if al-jami' (176).

Sens du verset :
{Et tout ce que vous avez comme bienfait provient d'Allah}
[Sourate An-Nahl (Les abeilles) – verset 53]

Et le plus grand bienfait qui touche l'être humain, par Allah, est qu'Il le guide vers l'islam.

﴿الۡيَوۡمَ أَكۡمَلۡتُ لَكُمۡ دِينَكُمۡ وَأَتۡمَمۡتُ عَلَيۡكُمۡ نِعۡمَتِی﴾

[سورة المائدة – 3]

Sens du verset :
{Aujourd'hui, J'ai parachevé pour vous votre religion, et accompli sur vous Mon bienfait. (…)}
[Sourate Al-Mâ'ida (La table servie) – verset 3]

La personne qu'Allah guide vers l'islam, nul parmi les gens ne l'égale dans le bienfait, hormis celui à qui on a donné ce bienfait.

Ainsi, toi, en réalité tu aimes Allah Lui-même, pour Son essence et pour ce qu'Il t'a accordé comme bienfaits. Et l'amour d'Allah n'est pas semblable à l'amour de l'épouse, l'amour de la nourriture, l'amour de la boisson, l'amour des vêtements, l'amour du logement, l'amour de la voiture... Non ! C'est un amour auquel rien ne ressemble.

Et essaye, tu le trouveras. Épure ton coeur un jour, prie en étant lié à Allah dans ta prière, tu trouveras une chose qui ne traverse même pas l'esprit. Tu trouveras une chose dont l'effet perdure un long moment, pendant lequel tu te rappelleras cet instant où tu étais lié à ton Seigneur ﷻ.

Au demeurant, nous disons : personne ne nie l'amour d'Allah Lui-même sauf celui qui en a été privé. Par Allah, si nous croyions que nous aimons la récompense d'Allah sans [aimer] Allah, nous n'aurions pas été avides au plus haut point dans l'accomplissement des bonnes oeuvres, même si nous sommes négligents, nous n'avons rien fait ; mais nous disons que la personne fait la bonne oeuvre pour Allah.

Cependant, cela ne signifie pas qu'on ne prête pas attention à la récompense, non... Nous prêtons attention à la récompense, nous ne sommes pas des soufis qui disent : « Celui qui oeuvre pour la récompense, [son oeuvre] revient à la terre. » Nous disons : nous aimons Allah et nous aimons Sa récompense. Mais la base, quelle est-elle ? L'amour d'Allah. C'est pourquoi Allah ﷻ a dit :

﴿لِّلَّذِينَ أَحْسَنُوا الْحُسْنَىٰ وَزِيَادَةٌ﴾
[سورة يونس- 26]

{A ceux qui agissent en bien est réservée la plus belle [des récompenses] et même davantage}
[Sourate Yoûnous (Jonas) – verset 26]

184

Qu'est-ce que {la plus belle [des récompenses]} ? Le Paradis entier, avec ce qu'il contient comme délices. Et {davantage}, c'est de regarder le Visage d'Allah. Il a donc fait du regard vers le Visage d'Allah une chose supplémentaire au délice, car la personne - qu'Allah nous place ainsi que vous parmi ceux qui Le regarderont - s'il regarde son Seigneur, cela est la plus parfaite chose qu'il puisse trouver parmi les délices et les plaisirs... C'est pourquoi nous disons : l'amour d'Allah est un amour véritable pour Allah, et il n'y a rien qui empêche [de le dire]. [130]

الحمد لله الذي بنعمته تتم الصالحات

---

[130] Parole traduite par le collectif « Mashaykh KSA » dont je fais partie. Vous pouvez trouver toutes nos traductions sur les réseaux sociaux YouTube, Instagram, Telegram et Twitter.

TABLE DES MATIÈRES

Printed in Poland
by Amazon Fulfillment
Poland Sp. z o.o., Wrocław

11773206R00107